アナキズムとキリスト教

ジャック・エリュール

Anarchy and Christianity Jacques Ellul

新教出版社編集部 訳

新 教 出 版 社

英語版への序文

デヴィッド・W・ジル

ジャック・エリュールはその五〇冊余りの著作のなかで、ある種のアナキズムを肯定する短い発言をしばしば残している。そこで語られるアナキズムとは、近代技術社会とその侵襲的で官僚的な政治・経済組織がもたらす破壊的な制約に対する、もっとも真剣な応答である。本書は、エリュールにとってのアナーキーの意味を定義し、そうしたスタンスを支持する理由を説明することを主題とした、詳細なエッセイだ。彼は、ステレオタイプ的な誤解や条件反射的な否認――それはアナキストからキリスト教に対するものであり、またキリスト者からアナキズムに対するものでもある――を乗り越えていけるように、読者を手助けしようとしている。

エリュールはアナーキーを、「無秩序という通常の意味とは異なるan-arche、すなわち権威と支配がないという意味」（本書九七頁）において提示する。「暴力的アナキズムを排除」したうえで彼が保持するのは、「平和主義的・反ナショナリスト的・反資本主義的・道徳的、そして反民主主義的な（つまり、ブルジョア国家の歪んだ民主主義に敵対する）アナキズム」、「説得的に行動する――小グループやネットワークを結成し、虚偽と抑圧を糾弾し、最下層の人々自身の声と組織化によってあらゆる権威を真に転覆することを目指す――アナキズム」（本書四〇－四一頁）なのだ。

エリュールは暴力を拒否する。暴力によって自由や正義をもたらすことは戦術的に不可能であり、またキリスト者にとっては、信仰の核心たる愛の命令に背くこととなるからだ。具体的には、通常の意味での政治（緑の党のそれも含め）を回避し、兵役や税、予防接種、そして義務としての学校教育をも良心的に拒否するようにとエリュールは要請する。彼は以下の二点で、自らのアナキズムを他の種々の類型と区別する。すなわち暴力の拒否、そして純然たるアナキストの社会の可能性をめぐる一切のユートピア的楽観主義の断念である。アナキストが社会の機構を破壊しようとも、罪なき至福の社会状況など訪れえない。人間の罪責性は政治的・社会的な配置から生まれるものではないのだから。そのため、アナキズムはスタンスであり戦略ではあっても、千年王国的な可能性を意味するものではない。「実現され、生きられ、実践されうる」、また「正当」でさえあるのは、「草の根レベルの新たな機関の創設」であり「新しい社会モデル」(本書四八－五二頁)である。

人々を抑圧する政治権力との共謀という罪を、キリスト者は歴史のなかであまりにも多く重ねてきた。エリュールはこうした嘆かわしい歴程に遺憾の意を示し、謙虚になって贖罪することを呼びかけながらも、アナキストの思想家によるキリスト教の「形而上学的」拒否は見当違いのものだと主張する。ローマの信徒への手紙一三章(「権威は神によって立てられたもの」)のようなテキストは、文脈を踏まえたうえで理解されねばならない。エリュールは聖書で語られていることを精査し、そこでは過大な権力と権威への原理的な反対が説かれているのだと結論する。聖書の描く神は、他の皇帝たちに承認を与える至上の権威なのではなく、愛において自己限定し、人々と共に歩む神なのである。

聖書の預言者や民たちは、政治的権威に立ち向かい、神の意志を語り行うことにおいては、王や将軍たちよりも重要な役割を果たしている。イエスと権力との関係は、ヘロデが彼を幼少期に殺害しようとしたことに端を発する。イエスは、政治的な誘惑に立ち向かったりそれを回避したりすることを経て、オルタナティヴな共同体を形成し、ローマによって十字架刑に処されるに至った。そうして、復活という根源的(ラディカル)な驚くべき出来事が起こったのだ。次いでエリュールは、愛のうちに「戦う」ように呼びかけることを主題とする黙示録、ペテロ、パウロのテキストを読み直し、伝統的に国家権力や権威のために用いられてきた箇所の理解を修正するように求めている。そして、ローマの信徒への手紙一三章や市民的不服従の解釈をめぐる短い補遺で、議論を締めくくる。

エリュールが最も本領を発揮するのは、聖書の物語と思考には、政治権力に対する両義的な態度から対立までの広がりがあることを示すときだ。本書では、彼が以前に――社会学的には『政治的な幻想』『革命の解剖』で、聖書的には『神の政治と人間の政治』で――開拓した立ち位置が、手短ながらも真剣に、再度表明されている。

読者のなかには、投票や選挙への立候補、税の支払い、公立学校のシステムへの参与を拒否するのが社会や政治組織への最良の関わり方だと言われても、納得できない人もいるだろう。場合によっては、教育委員会、〔物件の賃貸における借主の保護を目的とした〕家賃規制（レント・コントロール）の委員会、また市議会への参加といった手段で、日々の生活に多少なりとも影響を与えていくことができる。しかし、もしもそうした望みが断たれてしまったとしても、エリュールが技術社会を、その「有効性」や「効率性」への従属という点でたびたび批判していたのを思い出したい。ゆえに、投票やその他の政治参加の形態は非効率的だという彼のここでの見解は、決定的なものではありえない。謙虚さや謙遜、そして真実が支持され、あらゆる偶像崇拝や虚飾が覆されるならば、政治参加は隣人と共にあるための象徴的な手段となりえる。結局、エリュールも私たちも、教会を——その体制順応性や弱さ、信条に従って行動できないという失点にもかかわらず——捨てることができない。同様に、国家と政治を——その腐敗や偽善、弱さ、過ちにもかかわらず——捨て去ることもおそらくはできない。それだけが理由だとしても、政治への参加は、私たちが何者であろうとも神が私たちの生に参与するのをやめることはないという事実を思い出させてくれる。

それでも、ある種の脱政治化〔政治的な解決を求めて、あらゆる問題を政治的な語彙で定義してしまうことへの拒否〕はおそらく必要である。すなわち、今日の「ティーパーティー運動」〔二〇〇九年にアメリカ・オバマ政権への反動として始まった右派ポピュリズムの運動〕に見られるような利己心からではなく、共同体と個人に自由と責任を与えるための脱政治化が。しかし、〔統治の根拠や原理を意味するギリシャ語〕「アルケー」は突き詰めれば政治権力や当局に限られない。私たちの生を支配している金融、商業、メディアの巨大な諸機関もそこには含まれる。エリュールのアナーキーは、そうした権力と権威の一切に対抗する自由の呼びかけである。その意味でエリュールの議論は、新鮮で、稀有で、示唆に満ちた声を発し続けている。それには、おおいに耳を傾ける必要があるのだ。

＊ここに訳出したのは翻訳底本とした二〇一一年英語版の序文である。著者のデヴィッド・W・ジルは、ジャック・エリュール国際学会（International Jacques Ellul Society）の会長。企業倫理の神学的考察などを専門とし、アメリカ・マサチューセッツ州のゴードン・コンウェル神学校で教鞭を執った。

アナキズムとキリスト教

目次

凡例

一、本文において（　）は著者による挿入、〔　〕は訳者による補足を表す。
一、原注は（1）（2）と表記、訳注は1、2と表記し、章末にまとめた。
一、聖書箇所の訳文は新共同訳聖書（日本聖書協会、一九八七年）を参考にした。

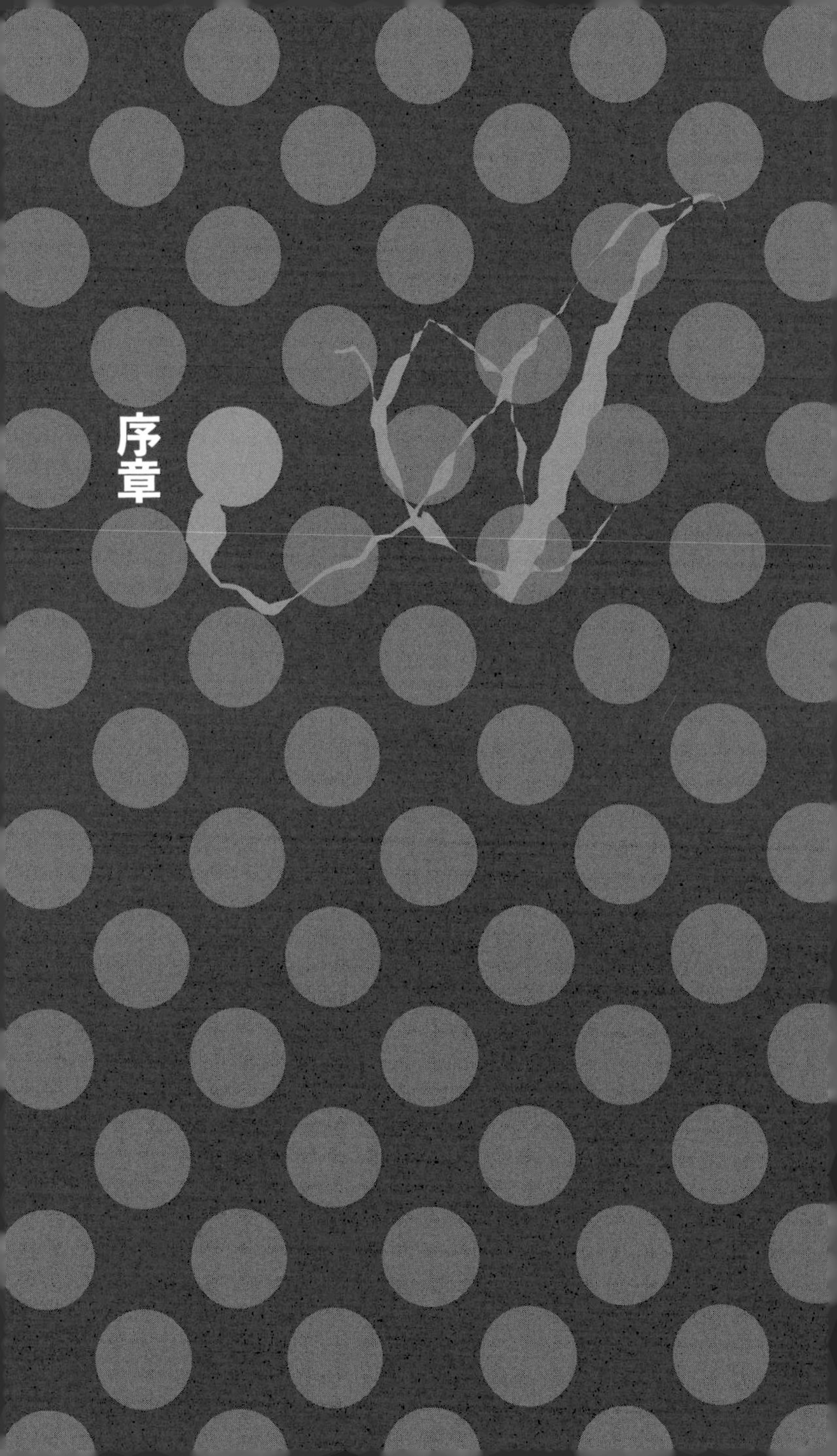

序章

アナキズムとキリスト教の両者に対する牢固たる見解が確定して久しく、それらが少しも吟味されてこなかったので、本書で私が提示しようとしている問題はいっそう難解なものとなっている。アナキストはあらゆる宗教（キリスト教もそう分類されている）に敵対しているという見解が一般に受け入れられており、熱心なキリスト者はアナーキーを無秩序の元凶、制度的権威の否定として憎悪しているという見解もまた然りだ。私が異議を唱えたいのは、このような単純で議論に基づかない信念である。一九六八年[1]に学生がよく口にした言葉だが、「私はどこから来たのか」についてまず語るのが有益だろう。私はキリスト者の家系に生まれたのではなく、回心によってキリスト者となった。

私は若かったとき、ファシズムの運動に嫌悪感を覚え、一九三四年二月一〇日にフランスの極右同盟「火の十字団」に反対するデモをした。知的にはマルクスの影響を多大に受けていたが、それより家族の影響からの行動であったことは否めない。私の父は、一九二九年の大恐慌以降職がなくなった。一九三〇年の失業状態がどんなものであったかは覚えておかねばならない。私自身を取り巻く状況もあった。私は学生時代に警察との闘争に入り（たとえばジェゼ・ストライキのとき）[2]、資本主義的システムというよりもむしろ国家を憎悪するようになった。あらゆる冷酷な化け物のなかでも最も冷酷なのが国家だとするニーチェの叙述が、私にとって根本原則だったように思う。

　私は国家が衰退していくような社会観を有するマルクスの分析に惹かれていたが、共産主義者との関係は希薄だった。私はモスクワからの命令に全面的な敬意を示していたわけではなかったので、かれらは私をブルジョアのインテリ小僧とみなしていた。また、私のほうでは、かれらは取るに足らないと思っていた。かれらはマルクスの思想を真に理解していないようだったからである。かれらとの完全な断絶は、モスクワ裁判[3]の後に起こった。トロツキーを支持したわけではない。一八四八年の『共産党宣言』を読んではいたが、それだけだった。クロンシュタットの水兵やマフノ政体は私には真に革命的なものに見えたし[4]、これらに対する弾圧を許すことはできなかった。そうではなく、レーニンの偉大な同僚たちが裏切り者や反革命家だなどとは信じられなかったのだ。私の理解では、かれらの下した断罪は、冷酷な怪物が別様な仕方で現れたものにほかならなかった。プロレタリアによる独裁からプロレタリアに対する独裁への転換がすでに起こっていたことは、容易に見て取れた。すでに一九三五年から一九三六年の間には、その気になれば誰でも、二〇年後には何が糾弾されるかということを理解できたに違いない。さらに当時は、反ナショナリズムをもたらすはずの国際主義と平和主義の二大原則は微塵も残っていなかった。

私のマルクスへの称賛が冷めたのには、次のような事情もある。私はマルクスと合わせてプルードンを読んでいた。プルードンにはそこまで影響されはしなかったが、とても気に入っていた。それで、両者の論争でマルクスが取った態度につまずきを覚えた私は、共産主義者のスペイン内戦中の行動やバルセロナのアナキストへの残酷な暗殺行為のため、ついにかれらを忌避するようになったのだった。[5]

当時、私はスペインのアナキストと連絡を取るなど、多くの面でアナキズムに惹かれていた。しかし、乗り越えられない一つの障壁があった。私がキリスト者だったことである。この障壁は、私に生涯つきまとった。たとえば一九六四年当時の私は、アナキズムに極めて近い運動、すなわちシチュアシオニスト[6]に惹かれていた。ギー・ドゥボールとはとても親しく連絡を取っていたし、あるときは、その運動に加入して一緒に行動することはできないかと、率直に尋ねたこともあった。彼は同志に尋ねてみると答えた。かれらの返事は直裁的で、私はキリスト者なのでそこには参加できないというものだった。私としては信仰を捨てることはできなかったし、二つを両立させるのは容易なことではなかったが、キリスト者でありかつ社会主義者であることは可能だと考えていた。キリスト教社会主義は何年もの間存在していたし、一九四〇年頃、穏健な社会主義は道徳的見解を聖書から引用していた。しかし、それ以上のことはほとんど不可能に思えた。どちらの側からも、両立はまったく不可能と思われていたのだ。

　こうして私は霊的かつ知的な探求の長い旅路に出ることになったが、それは両者を調和させるためではなく、自分が矛盾していないかを確かめるためだった。奇妙なことに、学べば学ぶほど、そして聖書のメッセージ全体（イエスの「柔和な」福音に限らず）を真剣に理解すればするほど、わかってきたことがあった。それは、国家に単純に服従することがいかに不可能か、また、ある種のアナキスト的な志向がいかに聖書に見出せるかということだ。無論、これが私自身の見解だったし、この時点で、私は自らの思想を形成していた神学――政治的権威の妥当性を支持し続けたカール・バルト[7]の神学――とは袂を分かつことになった。しかしながらここ数年、私は自分と同じ志向を持つ他の研究に出会っている。特に、キリスト教の起源はアナキスト的思想にあると忌憚なく認めているアメリカのマレイ・ブクチン[8]や、バーナード・エラー[9]の研究がそれに当たる。イエスについての著作で、イエスは単なる社会主義者ではなくアナキストだったと明快に示しているアンリ・バルビュス[10]も、厳密な意味でのアナキストではなかったものの先駆者の一人として忘れることができない。ここで強調しておきたいのは、私はアナキズムを社会主義の最も完全かつ厳密な形態とみなしているということだ。私自身はこうしてゆっくりと、だが感情ではなく知力によって、現在の立場に辿り着いたのだった。

主題に入る前に、もう一点はっきりさせておきたい。本書を著す目的とは何か。あらゆる誤解を防ぐためにも、これを述べておくことは重要だろう。まず一方で、読者を改宗させるつもりはないという点を明言せねばならない。私はアナキストをキリスト教信仰に改宗させようとはしていない。これは単に誠実さの問題ではなく、聖書的根拠に基づくことだ。教会は幾世紀もの間、断罪されるか改宗するか選ばねばならないと教えてきた。善良な信仰を備えた説教者と熱心な宣教師は、魂を救うために万難を排して回心を迫ってきた。しかしながら、私の理解ではこれは間違っている。信じるなら救われるだろうと教える聖書箇所はたしかにあるが、ここでしばしば忘れられる根本的な点は、聖句をその文脈（物語や議論）から抜き出してはならないということである。私自身の信仰は、神が恵みにおいて私たちすべてに授ける普遍的な救いを、聖書は宣言しているというものだ。しかし、回心や信仰はどうだろうか。それはまた別の問題であり、一般に思われているのとは違って、救いにはさほど関係していない。それは責任の取り方の問題なのだ。回心の後、私たちは神が要求する一定の生活様式や奉仕の仕方に専念する。それゆえ、キリスト教信仰を保持しているということは、いかなる意味においても他者との関係における特権なのではなく、さらなる使命、責任、新たな働きとなるものなのだ。したがって、私たちは他者を改宗させることに従事すべきではない。

他方、キリスト者にアナキストになるべきだと言うつもりは決してない。主張したいことは端的に以下の通りだ。キリスト者がある政治的方針を取るなら、政治的選択肢のなかから、アナキズムを前もって排除すべきではない。私の見解では、それらのなかではアナキズムの立場が聖書的思考に最も近いからである。当然、聞く耳を持つ人がほとんどいないことは承知している。頑迷な世間の偏見を数年で取り除くのは容易なことではないのだから。私の目的はキリスト者がこの立場を義務として受け入れるようになることでは毛頭ないと、付言しておきたい。繰り返すが、幾世紀にわたる見解がどうであれ、キリスト教信仰は私たちを義務や責務の世界へではなく、自由の生活へ導くものなのだ。これは私ではなく、パウロが多くの箇所で述べていることだ（たとえばコリントの信徒への手紙二[1]）。

第三に、私は思考と行動という二つの形態、生に対する二つの姿勢を、いかなる犠牲を払ってでも調停させようというのではない。キリスト教がいまや社会で支配的なものではない以上、あれこれのイデオロギーにこだわってキリスト教のなかでも都合の悪いものを捨て去ってしまうのは、愚かな偏執的行為だ。事実、多くのキリスト者は、一九四五年以降スターリン主義的共産主義に転向した。かれらは、貧者や社会正義や社会変革の試みについてキリスト教から語れることは何でも強調し、不都合なこと――神の主権とイエス・キリストにおける救いを宣べ伝えること――は無視したのである。一九七〇年代には、いわゆる解放の神学[11]に同一の傾向が見られた。極端に言えば、そこでは（南米の）革命運動との連携を可能にするような戦略が見出されたのだ。いかなる貧者もイエス・キリストと同一であると想定された。これ自体には問題はないものの、二〇〇〇年前の出来事に対しては、ほとんど注意が払われなかった。このような傾向が現れる前には、概して一九〇〇年頃の合理主義的なプロテスタンティズムがあった。それは、科学は常に正しく真理を保持しているのだから、聖書と福音を保持するにあたっては科学と理性に反するもの——たとえば、奇跡や復活などに加え、神が一人の人において受肉したという可能性——はすべて捨てなければならないという単純な前提を持っている。

最後に、現代においても、やはりキリスト教の一部を捨てることで調停を図ろうとする姿勢が見られる。今度はイスラム教との間におけるものだ。キリスト者はイスラム教徒を熱心に理解しようとし、対話（これには私も参加したことがある）を通じて互いの合意点——たとえば両宗教が唯一神論であり啓典宗教であるといった——を力説している。[2] しかし、主たる対立点、つまりイエス・キリストについては何も言及されないのである。なぜかれらが依然として自分たちの宗教をキリスト教と呼んでいるのか、私には疑問だ。このように、ここではアナキズムと聖書的信仰の一致を何としても示そうというのではないと、読者にあらかじめ警告しておきたい。自分にとって聖書が帯びる意味をめぐって議論するのであり、それは私には真の神の言葉となりうる。異なる見解を持つ人々と対話するときに誠実であろうとするなら、自分自身に対して正直になり、自己を隠したり、考えていることを偽装したり、捨てたりしてはならないというのが私の考えである。したがって、アナキストの読者は本書のなかに、衝撃的に、あるいは滑稽に思える見解を多数見出すかもしれないが、それで不都合なことはない。

それでは、私は何をしようとしているのか。私はただ、キリスト教が引き起こした重大な誤解を無効にしたいのだ。あらゆるキリスト者集団が実質的に受け入れているが、聖書のメッセージ――一般に旧約聖書と呼ばれているヘブライ語聖書であれ、新約聖書の福音書や書簡であれ――とは何の関係もないようなことが連綿と集成され続けているのが事実だ。あらゆる教会が、実直に国家の権威を尊重し、しばしば支持してきた。教会は体制順応を主要な美徳としてきた。また、社会的な不正義や、ある人々による他の人々の搾取に寛容さを示し、ある者が主人になり他の者が従者になることは神の意志であり、社会的・経済的成功は神の祝福の外的な印なのだと説いてきた。このように、教会は自由と解放の神の言葉を道徳に変容させてしまった。しかし、最も驚くべきは、もし真に福音的思考法を取るならば、キリスト教道徳など存在しえないということである。実に、人間を生きた全体像として見てその行動の原因を理解することより、既成の道徳に従って過失を裁くほうがいっそう安易なのだ。最後に、あらゆる教会が知識と権力を備えた聖職者を立ててきたが、これは福音的思考法に反する。聖職者がミニスターと呼ばれていた当初に理解されていたように、ミニスターとは小さき者、それは他者に仕える者のことである。

したがって、キリスト教が二〇〇〇年かけて蓄積してきた誤解や誤った伝統を排さねばならない。[3] ローマ・カトリックを非難するプロテスタントとして、このように言っているのではない。皆、同じ逸脱や倒錯の責めを負っているのだから。また、私は自分がこのことに着手した最初の人物だとか、何かを発見したと言う気もない。世のはじめから隠されていることを、明らかにできるかのようにはふるまわない。私の取る立場は、キリスト教において新しいものではない。まずは、キリスト教とアナキズムの関係を示す聖書的基盤を学ぼう。その後、一〜三世紀のキリスト者の態度を検討したい。しかし、私が書くことは、一七世紀間続いた暗黒期の後の突然の復興ではない。常にキリスト教アナキズムは存在していた。どの世紀においても、知的にであれ、神秘的にであれ、社会的にであれ、単純な聖書的真理を発見したキリスト者が存在している。たとえばそのなかには、(初期の)テルトゥリアヌス、[12] フラ・ドルチーノ、[13] アッシジのフランチェスコ、[14] ウィクリフ、[15] ルター(ただし、権力を君主の手に返したことと、反乱農民の虐殺を支持したことの二点の過ちを除く)、ラムネー、[16] ジョン・ボスト、[17] シャルル・ド・フーコー[18]などの偉大な名がある。

詳細に研究するなら、バーナード・エラーの優れた著作を推薦しよう。(4) この本は再洗礼派[19]の真の性格に光を当てている。統治者の権力を拒否した再洗礼派はよく言われるように政治的に無関心なのではなく、真にアナーキーである。皮肉を交ぜて引用するなら、そこには、時の権力とは悪者を罰するための神からの懲罰だとするようなニュアンスがある。もっとも、正しくふるまい悪に染まらない限りは、キリスト者は政治的権威に従う必要などない。社会や政府の周縁で自律的な共同体へと自らを組織すべきなのだ。さらに、より厳密に、かつ驚くべきことを言えば、あの非凡な人物クリストフ・ブルームハルト[20]は一九世紀の終わり頃に一貫したアナキズム的キリスト教を形成していた。牧師かつ神学者として彼は極左運動に加わったが、権力の掌握に関する議論には加わろうとはしなかった。社会民主党のある集会で彼は、「私は、一人の人間としてあなたたちの前に立つことを誇りとしている。もし政治が人間を受け入れがたいというのなら、そんな政治は呪われよ！」と宣言した。これがアナキズムの真の本質である。そう、人間となることであって、断じて政治屋になることではない。ブルームハルトはその党を離れなければならなかった！

一九世紀半ばにアナキズムの道を進んでいたブルームハルトの先達が、いかなる権力にも陥れられまいとしていた実存主義の父キルケゴールである。今日では個人主義者として蔑視され拒絶されているキルケゴールだが、たしかに彼は、一般大衆やあらゆる権威を——たとえ民主主義に基づいていたとしても——容赦なく断罪していた。彼の言葉の一つは次のようなものだ。「権力者によって犯された過ちや犯罪ほど、神にとって嫌悪すべきものはない。なぜか。公的なものは非人間的であり、非人間的なものは人間に対して与えられうる最大の侮辱であるからだ」。多くの箇所からキルケゴールはアナキストであることが見て取れるが、当時この言葉は存在していなかったので、当然ながらアナキストの語は使われていない[5]。最後に、エラーによる事例のうち私見では最も説得力のあるのが、二〇世紀最大の神学者カール・バルトである。バルトは社会主義者になる前はアナキストであり、考えを変えたものの共産主義に好意的だった。これらの端的な事実が、私の研究がキリスト教において例外的なものではないことを示している。

著名な知識人や神学者のほかにも、一般民衆の運動を忘れてはならない。公的な教会によって宣べ伝えられるのとは異なる信仰と真理に基づいて生き、自らの起源を集合的な運動よりも福音のうちに直接に見出していた謙虚な人々が、絶えず存在していたのだ。これらの謙虚な証人は、世間の反感を買わない限りは異端として迫害されることもなく、真の生きた信仰を保持していた。ここでは、あらためて発見された真理を提示しているわけでは決してない。それはごく少数の人々によってだが常に支持されていたし、その痕跡は残されている。[6] かれらは、教会のお歴々からなる公的・権威主義的なキリスト教の陰に絶えず隠れていたが、常に存在していた。かれらが改革に乗り出すときには、福音と聖書全体に依拠して始められた運動が、すぐに道を踏み外して公的な体制に順応するほうへ再び向かってしまうのが常である。フランチェスコの後のフランシスコ会、ルターの後のルター派で、こうしたことが起こっている。そのため、外観上はかれらの存在は消え去ってしまい、私たちが見知っているのは、大教会の壮観、教皇の回勅、あれこれのプロテスタントの権威の政治的立場だけということになる。

これについては、ごく具体的な例がある。私の妻の父は、頑固な非キリスト者なのだが、私が福音の真のメッセージを彼に説明しようとしたとき、「自分にこんなことを語ってくれたのは君だけだ。君からしか聞いたことがない。いくつかの教会で聞いたものとはまるで逆だ」と言ってくれた。いま、こういうことを言うのは私一人だけだと言うつもりはない。信仰の潮流は、地下で脈々と流れ続けている。しかし、その信仰は目には見えない。それこそが聖書の言葉と調和しているものであり、その他――荘厳さやスペクタクル、公文書、事実存在する位階制の組織（言うまでもなく、イエス自身が作り出したものではない）、制度的権威（預言者が決して持たなかったものだ）、裁きのシステム（神の真の代理人は決してこれに訴えなかった）――はそうではない。これら目に見えるものは教会の社会学的・制度的側面であり、それ以上のものではない。教会ではないのだが、外見上はどう見ても教会なのだ。したがって、部外者が教会を裁いても、私たちはその部外者を裁けない。つまり、アナキストがキリスト教を拒否しても、それは正しいのである。キルケゴールは、教会を誰よりも激しく攻撃した。私は、別の切り口から誤解をいくらか払拭したいだけだ。公的な教会や、社会学的にキリスト者と呼ばれる大多数の人々――キリスト者を自称しながら（幸いその数は減っているのだが、それは危機が来るとかれらは教会を去るからだ）まったく非キリスト的に行動したり、一九世紀の教会のパトロンのように、キリスト教のある特性を利用して自らの権力を他よりも増強したりする人々――の言行を、正当化するつもりは私にはない。

訳注

1 一九六八年は、第二次世界大戦後の政治・経済的秩序を覆そうとする革命運動の波が世界を席巻した年として知られる。とりわけ、フランスの六八年五月革命では、支配的なイデオロギーへの拒否と労働者の叛乱が、具体的にはド・ゴール大統領の権威主義的体制、アメリカ帝国主義、資本主義との闘争が複合的に展開していった。クリスティン・ロス『68年5月とその後——反乱の記憶・表象・現在』(箱田徹訳、航思社、二〇一四年)を参照。

2 一九三五年、イタリアの宰相ムッソリーニがエチオピアを侵略した後、エチオピア皇帝の法律顧問を務めていたフランスの法学者ガストン・ジェゼは、国際司法裁判所でエチオピアを擁護した。これに反発した極右勢力からジェゼの辞任を求める声が高まり、大規模な行動が起こったのに対して、エリュールは左派として歩んでいくことになる。当時の情勢についてのエリュールのインタビューが収録された *Jacques Ellul on Politics, Technology, and Christianity: Conversation with Patrick Troude-Chastenet* (Wipf and Stock, 2005) を参照。

3 一九三六年以来、スターリン独裁下のソ連で行われた公開裁判。トロツキーをはじめとする反対派の粛清を国際社会に向けて正当化する意味合いを持ち、反資本主義・反ファシズムというソ連のイメージに感化されていた欧米の知識人の多くは、これを経てもソ連を支持した。

4 クロンシュタットの水兵は、ロシアで確立されつつあったボリシェヴィキ独裁に対して一九二一年に蜂起した、軍港都市クロンシュタットの水兵と労働者たちのことを指す。また、ネストル・マフノは、二〇世紀初頭のウクライナで南部の農民をパルチザンへと組織し、自治区を打ち立てたアナキストである。いずれもボリシェヴィキ政権と戦い敗北を喫したが、その際にトロツキーは、両者の武力鎮圧を支持・指揮した。ヴォーリン『知られざる革命——クロンシュタット反乱とマフノ運動』（野田茂徳、野田千香子訳、国書刊行会、一九七五年）を参照。

5　クーデターを起こした軍部と左派人民戦線の間でスペイン内戦の戦局が混迷するなか、ソ連傘下のスペイン共産党は人民戦線内部の反対勢力を弾圧し、勢力を拡大していった。とりわけ一九三七年のバルセロナ五月事件は、共産党とアナキスト・トロツキストの銃撃戦となり多くの死傷者を出した。

6　シチュアシオニスト・インターナショナルは、一九五七〜一九七二年にかけてヨーロッパ各地で活動した革命的国際組織。前衛芸術運動の影響下でマルクス主義の諸概念を読み直し、日常生活や文化の細部にまで入り込んだ疎外を批判した。スペクタクル社会の批判で知られるギー・ドゥボールはその創設メンバーである。

7　二〇世紀に活躍したスイス出身の神学者。無名の牧師時代に執筆した『ローマ書』以来、弁証法神学の中心的存在となり、しばしば「二〇世紀最大のプロテスタント神学者」とも評される。ヒトラーに抵抗する教会闘争の理論的支柱となり、戦後は冷戦体制批判を繰り広げたことでも知られる。『教義学要綱』（天野有、宮田光雄訳、新教出版社、二〇二〇年）ほか邦訳書多数。

8　二〇世紀アメリカのアナキスト、哲学者、組合運動家。アナキズムに依拠し、改良的なリベラル環境主義とディープ・エコロジーの双方と袂を分かつ独自のエコロジー思想を展開したことで知られる。

9　二〇世紀アメリカのプレザレン教会の牧師、平和主義者。

10　一九～二〇世紀フランスの作家・平和運動家。プロレタリア文学の先駆けともされる小説や、第一次世界大戦の従軍経験を反映した戦争小説の執筆にあたったほか、自身の結成した「クラルテ運動」をはじめ数々の反戦・平和運動に尽力した。キリスト教の伝統的聖書解釈を相対化しつつイエスの姿に迫った邦訳書に『耶蘇』(武林無想庵訳、改造社、一九三〇年) がある。

11　一九五〇～六〇年代にラテンアメリカのカトリック司祭らを中心として起こった神学。貧しい民衆を主体として聖書を読み直し、構造的抑圧からの解放を目指すことをキリスト教の本質とする。開発主義や軍事・経済独裁に抵抗して「意識化」や「キリスト教基礎共同体」の構築といった手法による実践を行い、反発も含めて世界的影響力を持ち続けている。

12　二～三世紀に活躍した神学者。護教的著作を残した一方、厳格な禁欲や終末論的思想で知られるモンタヌス主義の影響のもとで教会組織を批判し、異端視された。ラテン語によるキリスト教著作を著した最初の教父として知られる。

13　一四世紀イタリアの宗教指導者。「父」「子」「聖霊」という三つの時代からなる段階的な終末論を唱えたフィオレのヨアキムの思想的影響下で「使徒兄弟団」という信徒集団を率いたが、十字軍によって鎮圧された。

14　一二～一三世紀イタリアの修道士。清貧を説き、フランシスコ会を創設した聖人として知られる。

15　ジョン・ウィクリフは、一四世紀イングランドの宗教改革の先駆者。教皇や聖職者の権威を否定したことや、聖書を英訳したことで知られる。

16　フェリシテ・ド・ラムネーは、一八～一九世紀フランスのキリスト教社会主義者。その著書『宗教無関心論』で、当時影響力を持っていた諸思想における無神論・理神論的傾向を批判した。七月革命の際には教育・出版の自由や政教分離を唱え、カトリック教会の権威主義を批判した著書『信者の言葉』をもって破門された。

17　一九世紀スイスの牧師。障害者や難病の子どもたちのための施設を建設した。

18　一九～二〇世紀フランスの神父。イエスに倣うべく遊牧民と生活を送っていたが、サハラ砂漠で何者かに殺害された。

19　スイスの宗教改革から生まれた教派の総称。幼児洗礼を否定し主体的な信仰に基づく洗礼を行ったことからこの名称で呼ばれる。徹底した聖書主義、政教分離といった急進的な主張のゆえに、宗教改革主流派からの弾圧の対象となった。

20　クリストフ・フリードリヒ・ブルームハルトはドイツの牧師。神癒を行ったことで知られる父の終末論的信仰の影響を強く受け、社会民主党に加わるなど社会の問題に精力的に取り組んだ。その神学がカール・バルトに大きな影響を与えたことでも知られる。

原注

（1）私の *Ethique de la liberté*, 3 vols. (Geneva: Labor et Fides, 1975-1984) を参照。英語の抄

訳は *Ethics of Freedom* (Grand Rapids: Eerdmans, 1976)。同書では、自由が聖書の中心的真理であり、聖書の神は何よりも解放者であることを示している。パウロが述べているように、私たちは自由のために解放されたのであり、ヤコブが述べているように、完全な律法とは自由の律法である。

（2）私は別の所で、聖書の神がアラーと実質上無関係だということを示した。「神」という言葉のなかには、自分たちの好きな事柄を読み込むことができるということを覚えておかねばならない。また私は、いくつかの名称や逸話を除けば、聖書とコーランには共通点がないことも示した。

（3）私は少し前に、聖書そのものの教えから現在キリスト教と呼ばれているものへの変容を、政治的・経済的要因などを交えて論じた。*Subversion of Christianity* (Grand Rapids: Eerdmans, 1986) を見よ。

（4）Vernard Eller, *Christian Anarchy* (Grand Rapids: Eerdmans, 1987).

（5）Vernard Eller, *Kierkegaard and Radical Discipleship* (Princeton: Princeton University Press, 1968) を見よ。

（6）七〜八世紀における慈善団体の設立は興味深いものなので、参照されたい。

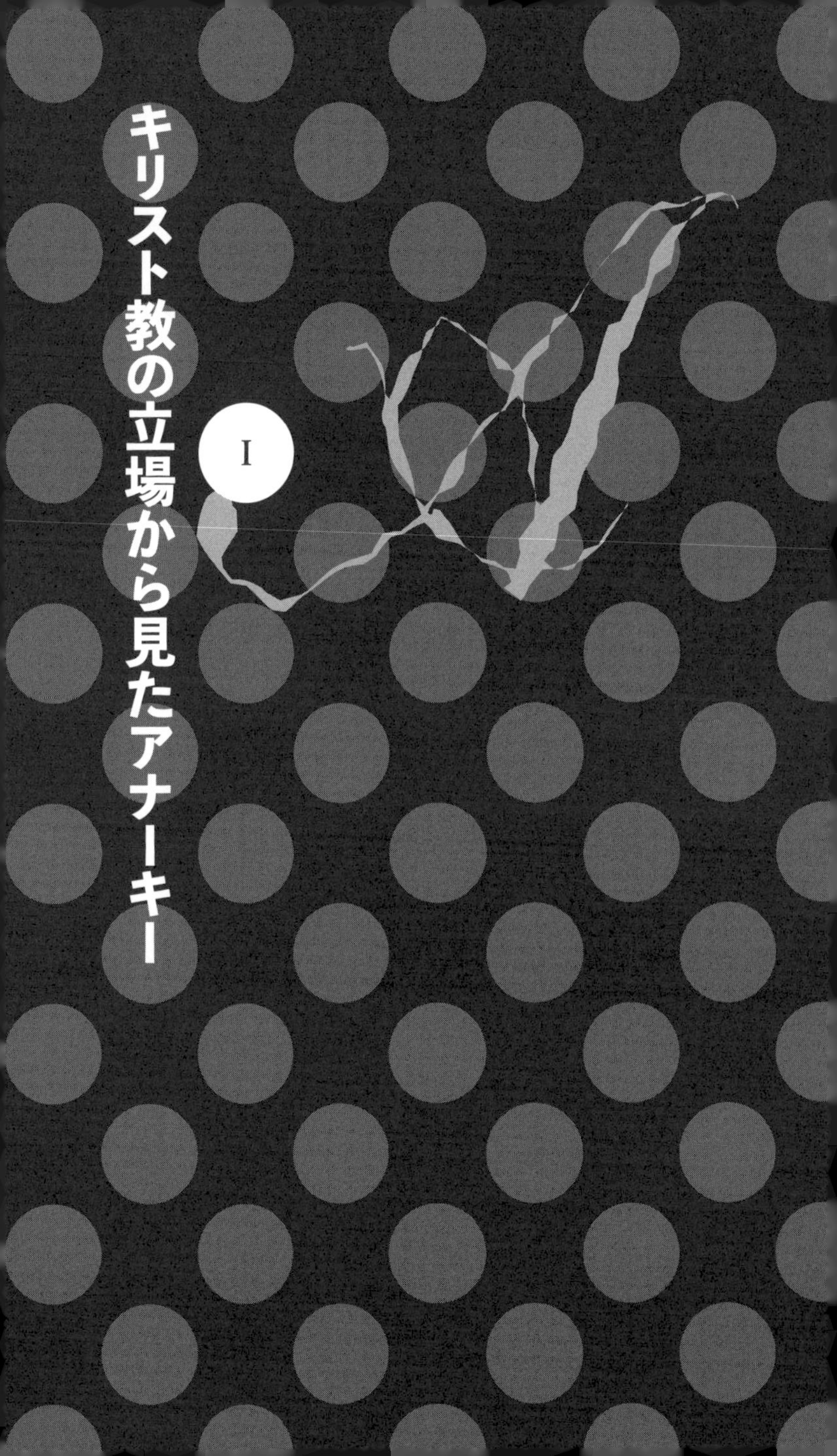

I キリスト教の立場から見たアナーキー

1.
アナーキーとは何か

アナーキーと言っても、種々の形態や傾向がある。まずは私がどのようなアナーキーを目指しているかを、ごく簡単に述べなければならない。私にとってアナーキーという言葉が意味するのは、暴力の絶対的拒否である。したがって、行動手段として暴力を選択するアナキストやニヒリストを受け入れることはできない。なるほど、攻撃や暴力に訴えなければならない状況は理解している。およそ二〇年前、パリの証券取引所を通りかかったとき、そのビルには爆弾が仕掛けられて然るべきなのではないかと自問したことが思い出される。その爆弾は資本主義を破壊はしないだろうが、一つの象徴であり、警告であるだろう、と。実際に爆弾を仕掛ける者はいなかったし、私はどのような行動も取らなかったが！

暴力に訴える行為については、次の三つの状況から理解できるだろう。第一に、一九世紀後半ロシアのニヒリストの信条がある。もし、大臣、大将、警察幹部など、権力を握っている者たちを組織的に殺害する行動を取るなら、いずれ人々はこういう職に就くことを恐れて、国家は首脳部を失い崩れ去るというものである。現代のテロリストのなかにも同じ傾向がある。しかし、このような思想は、社会と同様に権力組織が備える抵抗と反動の能力をあまりにも過小評価している。

システムの堅固さを目の当たりにするとき、また、ますます順応主義的になっていく社会やさらに力を増していく行政、向かうところ敵なしの経済組織（誰が多国籍企業を抑止できようか）に直面して無力さを感じるとき、そこには絶望がある。暴力とはそうした絶望の声の一種であり、抑圧に対する異議と嫌悪を公的に表現するためになされる努力の究極的行為なのだ。声を張り上げ叫んでいるのは、私たちの現在の絶望である（J・リクチュス）[1]。しかし、それはまた、他に取るべき手段や希望を持てる拠り所がないという告白でもある。

最後に、すでに言及したことだが、暴力は象徴や兆候を提示する行為だ。社会は想定されている以上に脆弱で、陰の力が社会を瓦解させるために働いているという警告が発されているのだ。

しかしながら、その動機が何であれ、私は暴力や武力攻撃に反対だ。それには二つの理由がある。まず、単に戦術的に、である。うまく統制されれば（これには強固な規律と巧みな戦術が必要だ）、非暴力の運動は暴力的運動よりはるかに効果的であることが理解されはじめている（ただし、真の革命が勃発する場合を除く）。ガンディーの成功を思い起こせるし、より身近な例としては、マーティン・ルーサー・キングがアメリカの黒人の地位向上のために多大な貢献をしたことも明らかだ。他方、たとえば、あらゆる種類の暴力を用いることでより急速に前進しようとしたブラック・ムスリムやブラック・パンサーの運動は、得るものがなかっただけでなく、キングの獲得したものも失ってしまった。[2] 同様にして、一九五六年のベルリンにおける暴力的運動[3]は、後のハンガリーやチェコスロヴァキアにおいてもすべて失敗に終わった。しかし、レフ・ワレサ[4]は自らの組織に非暴力のための厳格な訓練を施すことによって、ポーランド政府に対峙する立場を固守した。一九〇〇～一九一〇年のある労働組合の偉大な指導者の言葉の一つは、「ストライキは結構、暴力は絶対禁止」というものだった。最後に、これは議論の余地のあることだが、南アフリカのズールー族の偉大な指導者ブテレジは、

（コーサ族の）マンデラとは対照的に全面的非暴力の戦術を支持している。彼はそれによって、アフリカ民族会議の（しばしば黒人同士の）並外れた暴力がもたらす成果よりも、アパルトヘイト終結に向けてはるかに多くを成し遂げられることだろう。権威主義的政府は、暴力には暴力でしか対抗できないのだ。

第二の理由は、明らかにキリスト教的なものだ。聖書的に言えば、暴力ではなく愛こそが道である（ヘブライ語聖書[1]には種々の戦争の記録があるが、率直に告白するなら、それらは極めて厄介な問題なのだ[2]）。権力を握る人々に対して暴力を行使しないとは、何もしないということではない。本書では、キリスト教とは権力を拒絶しそれと戦うことを意味するというのを示さねばならないだろう。王座と祭壇が同盟を結んだ何世紀もの間に、この点は完全に忘れられてしまった。そして、教皇が国家の元首になり、教会の長である以上にそのような存在としてふるまうなかで、忘却はいっそう進んだのだった[3]。

もし暴力的アナキズムを排除するなら、残るは平和主義的・反ナショナリスト的・反資本主義的・道徳的、そして反民主主義的な（つまり、ブルジョア国家の歪んだ民主主義に敵対する）アナキズムだ。残るは説得的に行動する――小グループやネットワークを結成し、虚偽と抑圧を糾弾し、最下層の人々自身の声と組織化によってあらゆる権威を真に転覆することを目指す——アナキズムなのだ。これらは皆、バクーニンの立場に極めて近いものだ。

しかし、選挙に参加することについては微妙な論点が残っている。アナキストは投票すべきか。もしそうだとすると、党を結成すべきなのか。多くのアナキストと同様、私もそうは思わない。投票とは、中産階級によって力づくで設定された偽りの民主主義の組織に参加するということだ。左派、右派のどちらに投票するにしても、状況は同じである。繰り返すが、党を組織することとは結局、ヒエラルキー構造を採用し、権力の行使に加担しようとすることなのだ。政治権力の維持がどれほどの腐敗を生むかを、決して忘れてはならない。往時の社会主義者や労働組合員が一九〇〇〜一九一〇年にかけてフランスで権力を掌握したとき、かれらは労働組合の原則の最悪の敵になったという議論もある。クレマンソーやブリアンを想起すれば十分である。[6] このようなわけで、アナキズムに極めて近い運動、つまりエコロジー運動において、私は常に政治参加に反対している。私は緑の運動に全面的に反対しているし、フランスの選挙における環境保護主義者たちの政治参加の結果がいかなるものか、私たちはとくと目の当たりにしてきた。その運動はいくつかの分派に分裂し、三人の指導者は敵意をあらわにし、(戦術などの）偽りの問題に関する議論が真の目的を曇らせ、選挙運動に金銭が投じられ、得るものは何もなかった。選挙への参加が、この運動の影響を大幅に減じたのはたしかだ。政治的ゲームは社会に何ら重要な変革をもたらさないし、それに参加することは徹底的に拒否されねばならない。社会はあまりにも複雑である。利害と構造が、お互いにあまりにも緊密に結びつけられている。政治的な方針によってそれを修正できる望みはない。例として言えば、多国籍企業がこのことを十分に示している。グローバルな経済的連帯という見地からすれば、左派が政権を握っても一国の経済は変革できない。政府を変革するだけではなく、グローバルな革命が必要だという人々は正しい。

しかしそれは、私たちはいかなる行動も取るべきではないという意味なのか。根源的（ラディカル）な提題をすると、そのように言われるのが常である。あたかも、政治的行動が唯一の行動形態であるかのごとくに！　アナーキーであることとはまず第一に、良心的拒否を意図していると私は信じている。それは、資本主義的（もしくは退廃した社会主義的）で帝国主義的な社会（それがブルジョア的であれ共産主義的であれ、白人、黄色人種、黒人のどれによるものであれ）を構成する一切に対する拒否である。良心的拒否は単に兵役に対する拒否だけではなく、社会から課されるあらゆる義務や要求、つまり、税金、予防接種、義務教育などに対する拒否でもある。

当然、私は教育には賛成しているが、それは子どもに合わせての話で、子どもが知的なデータを学ぶのに明らかに適していないときには義務としないのが条件だ。私たちは、子どもの賜物に応じて教育を形成していかなければならない。

予防接種については、ある顕著な例がある。法学博士で数学の教師資格を持つ私の友人はアナキスト（もしくはほとんどアナキスト）なのだが、彼はあるとき田舎に戻ることに決め、オート＝ロワールという荒涼とした地のある高原で、一〇年にわたり牛を飼育した。この話で重要なのは、にもかかわらず彼が、自分の牛に対する口蹄疫ワクチンの接種強制を拒否したということだ。注意深く、また他の群れから距離を保って飼育すれば、牛がそうした病にかかる危険はないと判断したわけだ。ここから事態は興味深くなる。獣医係官は彼を捜し出し、罰金刑を課した。そこで、彼は裁判所に訴え出て、ワクチンの無用さと被害を証明する文書を提出した。最初は負けたが、控訴し、生物学者や高名な獣医の報告書に支えられ、裁判に大勝利して刑を免れたのだ。これは、規則ずくめのなかでわずかな自由の余地をどのようにして見つけうるかをめぐる好例である。しかしそのためには、持てる力を分散させずに的を絞って攻撃し、行政とその規則を撃退して勝利しなければならない。

アキテーヌ沿岸整備省庁間特務機関[7]との闘争で、私たちは同様の経験をした。私たちは膨大な努力の甲斐あって、地元住民に破滅的な影響を与えかねない、いくつかの計画を阻止することができた。その際には、裁判をいくつも重ねた後、最高裁にまで行ったのだった。[4] 当然これらはとても小さな行動だが、もしその手を十分に延ばし常に警戒の目を光らせるなら、たとえドフェールによって喧伝されている「地方分権化」[8]が自由の防衛をいっそう困難にしたとしても、国家の遍在を抑止することができる。というのも、今日の敵は中央集権国家ではなく、[5] 行政の万能と遍在なのだ。どんなことにも——特に警察や、法的手続きの規制緩和——異議を申し立てることが極めて重要である。多種多様な権力のイデオロギー的虚偽を暴かなければならない。特に、民主主義をなだめすかせている法の支配という有名な理論が、はじめから終わりまで嘘偽りだということを示さなければならない。国家は自らの規則を尊重してはいない。国家の提供するもの一切を、疑いの目で見る必要がある。国家が金を出すときには指図をしているということを、常に覚えておかなければならない。

このことに関して思い出すのは、若者の環境不適応の問題に対処するため、私たちが一九五六年に非行予防の会を設立したことである。私たちは、不適応を起こしているのは若者ではなく社会自体だという前提に立った。[6] この会が助成金を含む種々の手立てで財政的に支えられている間はうまくいき、大きな成功を収めていた。若者を社会に適応させるのではなく、若者が自らの人格を形成し、破滅的な行為（薬物など）の代わりに建設的で前向きな活動に取り組めるようにしたのである。しかし、国家が全財政を仕切り、モーロワ首相のもとで非行予防に対する見解を示してそのための評議会を作り出したとき、すべては変わった。それは悲惨なものだった。

大切な点として強調せねばならないのは、以下に示唆する線に沿って多くの努力が必要だということだ。つまり、私が最も重要だと考えているのは、納税の拒否である。一個人の納税者が納税を拒否したり、軍事費に使われる分の税金を払わない決断をしたりしても、国家にとっては当然何の問題もない。その人が逮捕され、刑罰を言い渡されるだけである。この手のことに関しては、多くの者が団結して行動しなければならない。もし、六〇〇〇や二万という納税者がこの種の行動を取ると決断し、特にメディアを巻き込めば、国家の立場は危うくなる。しかし、これを可能にするには、キャンペーンや会合やチラシなど、長期にわたる準備が必要である。

もっと手近で実際的な方法は、やはり多くの参加者を必要とするが、公教育とは違ったところで親たちが学校を組織することだ。これもまた一種の公的な私立教育になるが、私が考えているのは、親自身が学校の組織を決定し、可能な分野の教育をし、教育の権限を持つような学校である。少なくとも、コーン・ベンディットの兄弟が始めたリセ・ドゥ・サン＝ナゼールのような、オルタナティヴな学校を作ることができるだろう。生徒、親、教師といった利害関係者の真の代表によって経営される学校ができれば、それは最も効果的だ。

こうした取り組みの定石として、それは政治的・財政的・行政的・法的権威から離れて、純粋に個人を基礎として組織されねばならない。個人的なことだが、私たちが田舎へ避難していた戦争時〔第二次世界大戦時〕のユニークな例がある。二年がたつと、私たちは村人の信頼と友情を得ていた。それから不思議なことが起こった。私が法律を学んでいたことを知った住民たちが、相談を持ちかけてきて、争い事を解決してくれるようにと頼んできたのだ。そこで私は、弁護人、治安判事、公証人といった役を担うようになった。もちろん、これらの無給の奉仕は法的には何の妥当性もないが、当事者たちにとっては妥当なものだった。争い事に決着をつけたり問題を解決したりする際の同意書に署名してもらうときには、それはあたかも公的なものであるかのように、拘束力と権限を備えたものとみなされていた。

無論これらの些細な出来事は権威を否定するささやかな例にすぎないが、だからと言って、アナキスト的思考をイデオロギー的に拡散させていく必要性を無視すべきではない。この視点からすれば、現代という時代は妥当な政治的思考に欠けるその絶対的な真空状態のゆえに、好都合なものに思えてならない。リベラル派は依然として一九世紀の頭で考えている。社会主義者は現実的な社会主義を打ち出せないでいる。共産主義者は笑止千万で、ポスト・スターリニズムからほとんど抜け出せていない。労働組合は、自分たちの立場を擁護することにしか関心がない[7]。この真空状態においてアナキスト的思考は、もし自らを現代に適ったものとし、エコロジー運動家など既存の萌芽的集団の支持を取りつけられるなら、好機をものにできるのである。

このように、私の立場はアナキズムの諸形態のうちの一つに極めて近いものであり、アナキストの闘争は良いものだと私は信じている。それでは、真のアナキストと私の違いは何か。宗教的問題は別として（この問題はまた詳しく取り上げる）、相違点は以下の通りだと考えている。真のアナキストは、アナキズムに基づく社会——国家、組織、階級、権威のない社会——が実現され、生きられ、実践されうるものだと考える。しかし、私はそうは思わない。言い換えると、アナキストの闘争——アナキズムに基づく社会のための格闘——は必須のものだが、そのような社会の実現は不可能だと思わざるを得ないのだ。これらの点はともに説明を要するだろう。第二の点から始めよう。

実のところ、権威や制度のない社会を持つという夢や希望は、人間の性質は善であり、堕落しているのは社会だけだという二重の確信に基づいている。極端に言うとそうした主張は次のようになる。警察が強盗を誘発している、警察を廃止せよ。そうすれば強盗はなくなるだろう、と。現に個人が堕落させられる際に、社会が大きな役割を果たしているというのは自明のことだ。過剰な厳正さ、制限、抑圧のある所では、人々は何らかの方法で鬱憤を晴らすほかない。それはしばしば暴力や攻撃の形を取る。今日、西洋における堕落は別の形態も取っている。つまり、消費を（そして、人々が商品を買えないときには強盗を）促進する広告という形態、また明け透けなポルノや暴力という形態を取ってメディアで流布されている。非行や他者への憎悪が深刻化するのに際して、メディアは相当な役割を果たしている。それにもかかわらず、社会は十分な責任を取ろうとはしていない。

オランダにおける薬物対策は、重要な例を提示している。[10] 増加する薬物の売買や使用に直面したオランダ政府は、一九七〇年に他国とは異なった政策を選択した。禁断の果実の誘惑を回避するために、薬物使用は合法化され、また薬物の販売を抑制するために、政府は薬物中毒者が医療の診断に基づいて無料で必要な服用量を受け取れる場所を開設した。これが薬物売買や諸悪（ディーラーに対する隷属、法外な価格、金儲けのための暴力的犯罪）を抑止すると信じられていた。また、薬物使用の願望は減退するとも信じられていた。しかし、そうしたことは何も起こらなかった。アムステルダムは薬物の首都となり、市の中心地はそれに依存する人々の恐るべき溜まり場となった。規制を終わらせても、人間の渇望を抑制することにはならない。思惑とは裏腹に、うまく行かなかったのだ。

私は、こうした結果をキリスト教の罪概念と関連づけて語っているわけではない。実際、罪は神との関係においてのみ存在する。キリスト教の幾世紀にもおよぶ誤りは、罪を道徳的過失とみなしてきたことにある。ところが、聖書的に言ってこれは正しくない。罪とは神との決別であり、ここに罪のすべてが含まれる。私が人間は善ではないと言うとき、キリスト教的あるいは道徳的な見地を採っているわけではない。どのような社会で育ったか、どのような教育を受けたかなどにかかわらず、人間の二大特徴は貪欲さと権力欲だと述べているのだ。これらは、常にどこにでも見出される。したがって、もし人々に完全な選択権を与えるなら、必ずや人やものを支配することを求め、他人のものを欲しがるだろう。そして、この貪欲さの奇妙な特徴は、決して緩和したり充足したりすることがないという点にある。一度あるものが手に入ると、また別のものに注意が向くからである。ルネ・ジラール[11]は、貪欲さの含意するものを余すところなく示している。権力を目指して競合したり、貪欲さに駆られ同じものを求めたりする者の間では、社会は成り立たない。したがって、私の考えでは、アナキズムに基づく理想的な社会は決して達成しえない。

人間はもともと善であって、私たちが現在目にしているのは斜陽の数世紀の結末なのだという反対意見があるかもしれない。しかし、私の答えはこうだ。この場合、私たちは途上にあるということを考慮しなければならない。種々の根深い傾向は、一世代では根絶しえないのだから。それでは、私たちを正しい道に導くに足る公正で解放的で健全な政策が採用されるのを望みながら、種々の社会構造や必要とされる権威をいつまで保持すべきなのだろうか。私たちの希望は、国家の衰退にあるのだろうか。こうした理路がどのように展開するかはすでに経験済みだ。とりわけ覚えておかねばならないのは、すべての権力は堕落するということ、そして絶対的な権力は絶対的に堕落するということだ。このことは、千年王国主義者たちや種々の「神の国」[12]などの経験に見受けられる。

私としては、正当かつ実行可能に思えるのは、草の根レベルの新たな機関の創設である。人々には、(上述したような)ふさわしい機関を建て上げることができる。その機関は、破壊されるべき種々の権威や権力にまさに取って代わるものだ。このような機関の実現については、私の見解は実際、一八八〇年から一九〇〇年のアナルコ・サンディカリズムのものに近い。その信念は、労働組合や労働者集会などの労働者階級の組織が中産階級の国家の諸機関に取って代わるべきだというものである。これらは、決して権威的・ヒエラルキー的にではなく、厳密な意味で民主的に機能し、組合の連合につながるものとされていた。そしてその連合の紐帯が、国家唯一の紐帯となるはずだったのだ。

もちろん、何が起こったかは知られている通りだ。一九一四年の戦争〔第一次世界大戦〕当初に、比較的善良なアナルコ・サンディカリストを追放するという意図的な政策があり、組合運動は常任役員の任命によって決定的な変化を体験した。これは大きな誤りだった。同時に〔運動の拠点となる〕労働組合会館は、プロレタリア・エリート育成の土壌という最初の性格を完全に失ってしまった。

要するに、私は純粋なアナキストの社会に対する信仰は持っていない。しかし、新しい社会モデル創設の可能性があると信じているのはたしかだ。唯一重要なのは、私たちが現在新たに始めなければならないということである。労働組合、労働組合会館、地方分権、連合のシステム、すべては過去のものだ。そこから編み出された倒錯的な利用法が、やがてそれら自体を破壊してしまったのだ。私たちの持てるすべての政治形態が使い尽くされ、実質的には不在に等しくなった分、問題は逼迫している。専制政治が耐えがたいのと同じくらい、私たちの議会制度や選挙制度や政党は不毛なものであり、残るのは虚無だけだ。そして、この虚無は攻撃的であり、全体主義的であり、遍在的である。今日経験されているのは政治制度の奇妙な真空状態であり、もはや誰も自信を持てなくなっている。また、政界人の利益のためだけに政府組織は機能しており、あらゆる民主主義的形態をナポレオンの国家以上に権威主義的な機構にしてしまう権力、権威、社会的統制（コントロール）は、ほとんど無尽蔵に増殖している。

これは種々の技術[13]の結末である。技術家が正式に関与しているわけではないのでテクノクラシーとは言えないが、政府の全権力はその技術に由来している。その裏で、インスピレーションを与えては物事を実現させる役割を担っているのは技術家なのだ。誰もが知っていることをここで論じる必要はない。つまり、国家、官僚制、(広報とか情報という名で偽装された)プロパガンダ、個々人の順応、誰もを生産者・消費者にしようという明確な意志、これらが増長していることは誰の目にも明らかなのだ。しかし、その展開にきちんと応答している者はいない。誰も疑問を投げかけることさえしていない。[8] 教会はまたも自らの使命を裏切っている。政党は時代遅れのゲームをしている。私はまさしくこれらの状況において、アナーキーであることこそが唯一真剣な挑戦であり、意識を呼び覚ます唯一の手段であり、積極的な第一歩になるのだと考える。

この真剣な挑戦について語るうえで強調したいのは、アナーキーであれば権力強化の道を再び辿ることはまずないという点だ。権力強化はマルクス主義の取ってしまった道である。プロレタリア独裁という理念そのものが、社会のその他の人々を支配する権力を前提にしていたからである。またそれは単に、多数者を支配する少数者に代わって、少数者を支配する多数者の権力が問題だというのではない。真の問題は、ある者が他の者を支配する権力を持つという点にある。不幸なことに、先に述べた通り、これを真に防げるとは思わない。しかし、それに対して戦うことはできる。社会の主流とは違った仕方で組織化することができる。単に権力の乱用だけではなく、権力そのものを糾弾することもできる。このように語り、またそのことを望むのはアナーキーだけなのだ。

したがって私は、アナキストの運動を促進して拡大することがいままで以上に必要だと考えている。一般に考えられているのとは逆に、この運動の主張はこれまで以上に広範に耳目を集めうる。無関心に生きていたり、日焼けを楽しんでいたり、テロ活動に関与していたり、テレビの奴隷になっていたりする人のほとんどは、政治談義や政治学を嘲笑する。それらに望むことなど何もないと考えているからだ。また、そうした人は、官僚構造や行政上の論争に激怒しているものだ。もし、私たちもこれらのことを糾弾するなら、多くの公衆の耳に訴えることになる。要するに、国家や官僚の権力が増殖すればするほど、個人を、つまりは人間性を擁護する唯一にして最後の防衛手段として、アナーキーを肯定することが必要となってくるのだ。アナーキーには、辛辣さと勇敢さが取り戻されねばならない。そうすれば、明るい将来が眼前に開ける。このようなわけで、私はアナーキーな立場を取る。

2.
キリスト教に対するアナーキーな憤り

ここでは、キリスト教に対する一九世紀のアナーキーな攻撃を振り返り、あるまじき姿を隠さずに私自身について説明したい。キリスト教の正当化が問題なのではない。別の著書でしたように、キリスト教（つまりキリスト教界）と、聖書の説くキリスト教信仰との区別を想起することから始められるだろう。[2] キリスト教に対する攻撃は、本質的に歴史的なものと形而上学的なものとの二つのカテゴリーに分類できると思われる。前者から始めよう。

最初の基本的な命題は、どんな宗教も、統治者による純粋に政治的ないし恣意的な戦争より、最終的にはいっそう悪辣な戦争や紛争を引き起こすというものである。宗教においては、真理の問題が中心を占めるのであり、悪と誤謬の権化である敵は排除せねばならないというわけだ。これはまったくの真実だ。伝統的な宗教に限らず、それらに取って代わった新たな宗教――たとえば国家、共産主義、金銭崇拝といった――についても当てはまる。宗教の名のもとで遂行されるあらゆる戦争は、かつてのローマの戦争と同様に償いがたいものだ。ローマの戦争は残虐を極め、その悪辣ぶりは犠牲（生贄）[14]によっても償われえなかった。だが、この場合の戦争が償いがたいのは、そこでは例外なく、また容赦なく、敵が完全に壊滅させせられるからである。

そうした戦争の具体例は、聖書に見られる。[15]時として、ヘーレム[16]がユダヤ民族の敵に対して宣言された。すると、この敵対する人々を女性や子どもまで全滅させ、家畜さえ殺さなければならないのである。当然、ヘーレムに言及している節は、聖書を真剣に受け取る信者にとっては厳しい試練となる。

それから、イスラム教によって引き起こされる戦争がある。この教えの背後には次のような原則がある。この世に生まれてきた子どもはすべて、生まれながらにしてイスラム教徒である。もし、子どもがイスラム教徒でなくなるなら、それは親と社会のせいとなる。全イスラム教徒の義務は、他者を真の信仰へと導くことなのだ。イスラム教の領域（ウンマ、すなわちイスラム共同体）とは全世界であって、誰もそこから逃れられない。したがって、イスラムは世界をすべからく手中に収めることになる。ジハードの考えはその結論だ。私はこの点を強調することはしない。それは明白で、ここで問題にすることではない。そのうえでイスラム教の場合は、信者が極めて熱心で、それゆえいつでも死を容認する用意があることが、他の宗教以上にはっきりと見て取れるのだ。

また、「キリスト教」の戦争もあった。これは最初から存在していたのではなく、カロリング朝に始まる。ローマ（コンスタンティヌス以後）のキリスト者の皇帝によって引き起こされた戦争は、宗教的なものではなかった。四世紀の戦争と同様、それは帝国の前線を防衛するためのものだった。宗教戦争の概念は八世紀、つまり帝国の解体とメロヴィング朝にのみ現れる。私自身は、キリスト教の聖戦は、一世紀ほど前にイスラム教がすでに行っていた戦争を模倣したものだと考えている。戦争は、キリスト教国の新たな領土獲得と異教徒の強制的な改宗の手段となった。それは、ローマ教皇から戴冠したカール大帝において頂点に達する。いわば教会の外部の司教となった彼の、サクソン人に対する行動はよく知られている。彼はサクソン人居住地の一部を征服した後、サクソン人にキリスト者になるか、それとも殺されるかという選択肢を与えた。それで、六〇〇〇〇人のサクソン人が虐殺されたと言われている。その後、長期にわたる十字軍、内戦（アルビ派、カタリ派などに対するもの）[17]、一六～一七世紀にはプロテスタントとカトリックの厳密な意味での宗教戦争と続き、それには周知の通りの残虐さが伴った（たとえばクロムウェルの陣営において）。最後に、実際には宗教が単なる口実、イデオロギー的偽装や正当化に過ぎなかった「植民地」戦争もあった。したがって、これらは宗教が密接に絡んでいるが、実際には宗教戦争ではない。

このように、宗教は議論の余地なく戦争の源泉となっている。私自身の見解は次の通りだ。戦争を聖なる義務、あるいは（アフリカやインドのある部族の間に見られるように）儀式的な試練とする宗教と、あらゆる暴力を非難、拒否、断罪、排除する宗教との間には大きな差異がある。前者では、真理と言われる中心的メッセージと戦争行為の間に一致が見られる。後者では、宗教的啓示と戦争行為の間に矛盾がある。権力者や知識人、好戦的な説教によって白熱した世論が戦争の合法性を支持しようとも、それに直面した信仰者の義務は、霊的メッセージの核心を想起し、戦争への召集の根本的な矛盾と誤謬を指摘することにある。無論、これはとても困難なことだ。信仰者は、社会学的潮流から自分を解放する力を持ち、知識人や群衆に反対する勇気を持たなければならない。これは、キリスト教にとっての課題である。神は愛であって、私たちは隣人を自分自身と同様に愛さなければならないということを核心に持つ宗教が、イエスの啓示からは絶対的に正当化できず受け入れられない戦争をいかに生み出すのか、私はいまもまったく理解できない。種々の正当化の例については後に考察しよう。最もたしかな真実は、イエスの啓示が宗教なるものを生み出すはずがないということなのだ。すべての宗教は戦争につながるが、神の言葉は宗教ではない。そこから宗教を作り出したことは、神の言葉に対するあらゆる裏切りのなかでも最も深刻なものである。[10]

キリスト教信仰については、二つの問題が残っている。両方ともこれから述べることに関連している。最初の問題は真理に、第二の問題は救いに関するものだ。宗教に対する非難の一つは、それが排他的な真理を主張する点にあることを見てきた。この非難は的確で、キリスト教はこれを免れない。しかし、私たちがキリスト教の真理について語るとき、それによって何を意味しているのか。中心的なテキストは、イエスの「私は真理である」という言葉だ。後に語られ行われるようになったこととは逆に、真理は教義や会議や教皇の決定の集積ではない。真理は教理ではない。一冊の本としての聖書でさえない。真理とは人である。したがって、それはキリスト教教理の墨守といった問題ではない。それは、私たちに語りかける者を信頼することにある。キリスト教の真理は、ただ信仰において、信仰によってのみ、理解され、聞かれ、受け入れられうる。しかし、信仰は強要されうるものではない。聖書がそう語っている。一般的に言っても、不信のある所で、誰かにある者を信用するように強いることはできない。したがって、キリスト教の真理は暴力や戦争などによっては決して押しつけられない。パウロは、私たちに愛をもって真理を行いなさいと諭したとき、後に起こることを予期していた。なすべきは、ある思考体系を採用することではなく、真理を実践することなのだ。これは、イエスに従いイエスに倣うということを意味する。しかし、この真理は依然として排他的なものだ。したがって、この真理は愛において主張されねばならないのである。これはとても難しいことだ。それで教会史においては、愛を欠いた真理の主張（強要なども含め）と、福音の核心をまったく無視した愛の主張との間の揺らぎが常に見られる。

第二の問題は、救いの問題である。キリスト教には、イエス・キリストを信じない限りは誰しも失われた者だ（聖書的な用語ではないものの、呪われた者ということだ）という固定観念がある。人を救うためには――ここで問題は深刻になるのだが──まずその人にイエス・キリストにおける救いを宣言しなければならない。なるほど、だが、その人が信じないとしたら？ すると次第に、その人に信仰を強制しなければならないという考えが起こる（カール大帝やペルーの征服などの事例が示すように）。その際にふるわれる強制力は、脅迫や処刑にさえおよぶほど厳しいものだ。こうしたことをおおいに正当化するのが（異端審問官の場合のように）、救われるべきは魂だという考え方だ。永遠の至福と比べれば、肉体の処刑の何が問題なのか、というのだ。この処刑は、信仰の行為とさえ呼ばれていた。アウト・デ・フェ[18]、つまりは異端者の処刑である。ここでは、イエスの教えやパウロの書簡や預言者たちの教えが完全に転倒しているのが明らかだ。信仰は強制の行為ではなく、自由の行為として生まれ出なければならない。そうでなければ何の意味もない。イエスが父と呼ぶ神は信仰の強制を望んでいるなどと、どうして考えられようか。キリスト教やキリスト教国に対するあらゆる批判に関して、明らかなことがある。それは、聖書に忠実であろうとするキリスト者ならば、アナキストがそうした行為や実践（つまりは暴力や軍隊や戦争に頼った政策のことだ）を糾弾するのに同意するだろうということだ。

第二の歴史的批判は、第一のものに隣接している。それは、国家との結託に関する批判である。コンスタンティヌス（慎重な歴史家たちは彼の回心の真実性を長らく疑っており、それを単なる政治的な行為とみなしている）の時代以降、国家とはすなわちキリスト教国家だっただろう。[11] 教会は、それによって多大な援助を受けた。国家のほうは、教会が人々を強制的に「キリスト者」にするのを支援していた。重要な財政援助を行い、礼拝所を保護し、教会の聖職者に特権を授けた。しかし教会は、皇帝が神学に介入し、時には何が正しい教理であるべきかを決定し、教会会議を召集し、司教の任命に指図することなども認めねばならなかった。さらに、教会は国家を支持しなければならなかった。皇帝の座と聖餐台の同盟は、宗教改革からではなく、五世紀から開始される。この世のものと霊的なものという二つの権力の分離が試みられてきたが、両者は常に混同されてきた。先述したように、教皇は教会内の司教となり、皇帝は教会外の司教となった。多くの儀式（たとえば、戴冠式や〔賛美の歌〕テ・デウム）はその核心において、教会は国家と政治権力に仕え、それらに対する国民の忠誠を保証すべきだという考えに基づいていた。ナポレオンは、聖職者が国民を統制し、司教が聖職者を統制し、自分自身が司教を統制するという皮肉を言った。教会は国家的プロパガンダの機関であるという実情を、ここまで明快に述べた者はいない。権威に対する服従は、キリスト教の義務でもあったのだ。王は神によって任命され（この表現には異論もあるが）、その結果、王への不服従は神への不服従とされた。だが、話を一般化してはならない。ここでは、高位聖職者と教会政治の公的な教えが何だったかを述べているのだ（ギリシャ正教会とルター派も含めて）。しかし、低位聖職者の間では、基本的にその立場はより不定だった。私が最も詳しい一四〜一五世紀の間に関して言えば、[12] ほとんどの農民反乱において、低位聖職者は革命家として教区民とともに練り歩き、しばしば反乱の先頭に立った。しかし、たいていは虐殺されて終わった。

では、民主主義のシステムのもとでは状況は異なるのか、そう問うてみる必要がある。すると、想像以上に変わりないことがわかる！　中心となる考えは依然として、権力は神に由来するというものだ。したがって、民主的国家もまた神に由来すると考えられている。奇妙なことだが、これは古くからある考えだった。九世紀以降ある神学者たちは、すべての権力は「神から人民を通して」来ると述べていた。しかし率直に言って、この考えは民主主義には直結しない。「キリスト教」の民主主義には、先述したのと同様の結託が見出される。もっともこの場合、教会にとって利益は少ない。世俗の民主主義では、理論上は教会と国家は完全に分離されているが、それは実情とは異なる。この分野に関して、教会は神学的な不確かさを多分に示している。フランスでは、教会は王のもとでは王党派だったが、ナポレオンのもとでは帝国主義者、共和政のもとでは共和主義者（ローマ・カトリックの側には多少躊躇があったが、プロテスタントはそうではなかった）となった。顕著な例として、他の所――共産主義圏――では教会はマルクス主義者にさえなれた。そう、たしかにハンガリーやチェコスロヴァキアでは、改革派教会がフロマートカ[19]やベレツキー[20]とともに公に共産主義者になった。そして、ソ連では一九四一年の戦時中、スターリンは正教会に支持（融資など）を求め、教会は喜んでそれに応えた。このことを決して忘れてはならない。その意味では、正教会は体制支持者である。ローマ・カトリック教会はそれほど従順ではない。だが、ヒトラーのもとで直接的には体制を援助しなかったとしても、実際にはドイツにあっても体制を支持していたことも忘れてはならない。教皇はヒトラーと政教条約[21]を結ぶことさえした。要するに、どのような政府の形態であろうと、上層部や指導者層においては、教会は常に国家の側についている。

共産主義圏のなかだと、ニカラグアのような南米の国のことも思い起こされる。そこでは、ローマ・カトリック教会や解放の神学者たちのおかげで共産主義が定着することができた。ポーランドは、これとは逆の唯一明確な例としてよく知られている。

教会は政府の諸形態に適応すると同時に、それに応じたイデオロギーも採用した。興味深いのは、西洋の教会が全ヨーロッパを包摂し国家間の相違を超える普遍的なキリスト教世界を説いたのは、まさしく帝国が普遍的なものだった（もしくはそうであるかのようにふるまっていた）ときだということだ。したがって、西洋が諸国家に解体されていくと、教会は各国の教会となった。ジャンヌ・ダルクは、明らかに初期のナショナリストのキリスト者だった。[13]一六世紀から戦争はナショナリズムと結びつくようになり、教会は常に自らの国家を支持した。そして、このことは「神は私たちと共にいる」という意識につながり、それは信仰を持たない者には軽蔑の対象、信仰者にはつまずきのもととなった。二つの国家が戦争に突入したときには、互いに聖書的思考を信じられないほどに曲解し、神は自分たちの味方だと確信していた。あたかも自分たちが黙示録のアレゴリーとしての戦いに携わっており、政敵はサタンであるかのようだった。

最後に、教会に属するキリスト者たちによるこうした暴力の表出に、異教の駆逐――ここで私たちは、教会が無謬かつ絶対的に体現する排他的真理という観念に立ち戻ることになる――そして異端審問を付け加えねばならない。この際には、注意深く区別しておく必要がある。厳密な意味での異端審問は、異端（カタリ派やアルビ派）と戦うために一三世紀（一二二九年）に設けられ、その後一四世紀には魔術に対して行われた。[14] 通常言われていることとは逆に、処刑や虐殺などの断罪は実際には多くなかった。唯一重要な例は、カタリ派に対するものである。私は博士課程の学生に南西フランス（バイヨンヌ、トゥールーズ、ボルドー）の異端審問の現存する記録を調べてもらったことがあるが、多くても一年に平均六件か七件しか見つかっていない。しかしながら、異端審問は一方では人々の意見を操作する手段であり、他方では集団的な恐怖を引き起こした（それは異端審問の実態の不明瞭さ、審問の手続きの秘密主義などによる）。その存在感は余りあるものだった。その後、異端審問は政治権力の道具となったとき、完全に豹変した。一六世紀、異端審問を採用する王国が出てくると、その国の権力下で恐ろしい道具となった。そのようなことが起こったのはどこだろうか？　異端審問が完全なる政治的武器となったポルトガル、スペイン、ベニスでは、単に恐怖を引き起こすだけではなく、政治的・宗教的理由からの処刑にも用いられた。カタリ派を対象とする場合、もはやその目的は宗教的というより政治的なものだった。カタリ派の教義は子を持つべきではないと教えていたので、それが広まると深刻な人口減少が起こるかもしれないと王たちは懸念したのだ。

どんなに釈明されようが繰り返し言っておきたいのは、アナキストたちがこの種のキリスト教――宗教の名において権力の不寛容な形態を構成する、教会のこれらの実践――に異議を唱えるのは正当だということだ。政治と宗教が混同されているこうした状況下では、アナキストが宗教を拒否するのは正しい。さらに、強調するまでもないが、人々からの搾取に基づく教会や高位聖職者の富に、また一九世紀の教会と資本主義体制の提携にも留意しなければならない。私たちは皆、「貧しい者は幸いである」という祝福の言葉がいかなる恐るべきかたちで利用されたかを知っている。そして、この意味で宗教は人々の阿片だというマルクスの糾弾は正しかった。この時期の教会の説教からすると、これはまさしくキリスト教の姿だった。

結論として、二点を述べよう。第一に、いまや教会は力を失い種々の権威とのつながりが途絶え、その数も減ったので、状況はより良く明確なものになってきている。自らの利益のために教会にいた者たちは、おおかた去った。第二に、実に、アナキスト（マルクス主義者や自由思想家なども含め）によるキリスト教や教会の糾弾はキリスト者にとって、聖書的・福音的メッセージのより良い理解へと至り、聖書の批評とより良い理解に照らして自らと教会のふるまいを正すための根拠となるはずなのだ。

　歴史的・道徳的領域以外にも、宗教一般、特にキリスト教に対するアナキストの形而上学的攻撃について考えなければならない。事実、四つの決定的な反対意見が見られるだろう。第一に、当然ながら「神もなく主人もなく」[22]という標語にぶつかることになる。アナキストは政治的・経済的・知的な意味での主人と同様、宗教上の主人――先に見たように、この世の支配者たちが多々乱用してきた神――の不在をも主張している。この問題の核心はごく端的に、神観念の問題にある。

　何世紀にもわたって神学は、神は絶対的な主人、王のなかの王、全能者であって、神の前で私たちは無であると主張してきた。それはいまや事実である。したがって、支配者を拒否する者が神を拒否するのは当然だ。近代世界には王や君主などほとんどいないにもかかわらず、二〇世紀を生きるキリスト者が依然として神を万物の王と呼び、イエスを主と呼んでいることにも留意せねばならない。しかし、私としてはこうした神の概念に異論を唱えたいのだ。

　ここで、それが既存のある心性に対応したものだということに気づかされる。

また、そこには神のある宗教的イメージがあるということ、さらには聖書の多くの箇所が神を王や主と呼んでいることにも。しかし、このことを認めつつも、実は聖書は大きく異なった神のイメージを与えてくれるのだと主張したい。ここではこの異なるイメージの一側面のみを——新たな側面もまた明らかになり、さらなる問いを提起するだろうけれども——検討しよう。聖書の神は全能ではあるが、その異様さゆえに詳述されている特定の出来事を除けば（たとえば大洪水、バベルの塔、ソドムとゴモラの出来事など）、実際には人間との関係においてその全能性を発揮していない。神の全能性が自己限定的なのは、気まぐれや思いつきではなく、何事も神自身の存在と矛盾を来たさないようにするためだ。つまり、力というものをはるかに超えて、神の存在は愛であるという極めて重要かつ定まった事実があるのだ。

このことを教えているのはイエスだけではない。注意深く読みさえすれば、全ヘブライ語聖書がそう教えている。神は天地万物を創造するが、それは自らを楽しませるためではなく、神が愛であって、神自身よりも他のものを愛することを皆に求めるためなのだ。また、神による創造とは、その力が途方もない爆発を起こしたわけではなく、「神は言った」というこの言葉だけ、ただそれだけだ。神はその力を放出したのではなく、ただ言葉のみによって自己を表現した。これは、まさしくはじめから神は対話可能（コミュニカティヴ）な神であることを意味する。これとは対照的に、古代の近東世界の宗教的な宇宙創造論だと、神々（オリンポスの神々を含む）は常に口論しており、暴力などによって創造を行う。人間の創造において、聖書に含まれる第二の物語（創世記二章）では、神の言葉が人間性を特徴づけるということも示されている。人間の主要な役割は、神の愛に応答することである。人間は愛するために造られたのである（これが、神のイメージによって意味されていることである）。

もう一つの興味深い神のイメージは、荒野におけるエリヤの話に記されている（列王記上一九章）。四〇日の憂鬱な孤独を経て、エリヤは一連の暴力的な出来事、つまり、猛火、風、地震に遭遇した。しかし、この聖書箇所はその都度、神は火のなかにも、風のなかにも、地震のなかにもいなかったと記している。最後に、静かな囁き声が聞こえ（A・シュラキは、「消えゆくような沈黙の音」と訳す）[23]、エリヤはひれ伏し外套で顔を覆った。神がこの「静かな小さな声」のなかにおられたからである。

神が自らの民を脅かすことなく悲しげに語りかけるさま（「私の民よ。私から顔を背けたりして、私が何をしたというのか」）を記す多くの預言書からも、このことの確証は得られる。神が自身を力において明示するときでさえ、著名な神学者（カール・バルト）が呼ぶところの神の人間性という側面は決して不在ではない。したがって、シナイ山の逸話において山は雷と稲光に包まれ人々はおびえているが、それでもモーセは山に登る。出エジプト記三三章の物語は、モーセが神と、顔と顔とを合わせて友人同士のように語ったと伝えている。このように、神の力がどれほどのものであっても、その第一の側面は決して絶対的な支配者や全能者といったものにはない。それは、自らを人間の水準に合わせて自己限定する神にある。君主制（ローマのものであれ、一六〜一七世紀のものであれ）の影響を受けた神学者が、それを模倣して神の全能性を主張したのだろうが、かれらのしたことは誤りだ。もちろん、絶大な力を持つ国家に反対しなければならない場合に、専制者に対して、神のほうがより強大である、神こそ王のなかの王である（モーセがファラオに言ったように）と言うのはよい。暗殺者が暴君を死に至らせるその刹那、暴君には暗殺者が神であるかどうかがわかる。もっともたいていの場合は、聖書の神の真の顔は愛である。そして思うに、アナキストとて「愛もなく主人もなく」と謳う定式をそう喜びはしないはずだ。

アナキストがキリスト教に抱く第二の大きな不満は、二つのよく知られたジレンマのうちの一つに関係する。つまり、もし神がすべてを予見するなら、すなわちもし神が「摂理」であるなら、このことは人間のすべての自由を排除するというものだ。繰り返せば、私たちが現に抱いているこうした神理解は、ギリシャ哲学に由来し、古典的神学者によって広く唱道されたものだ。誰もが知っているように、キリスト教の神にはギリシャ思想に基づいて、全知、予知、無苦、不変、永遠など多くの属性が付加された。私は、聖書に直接由来するもの――たとえば神は永遠であるといった――に反論することはしない。もっとも、私たちには永遠とは何かを真に理解することもできないのだが。しかしながらここで主張したいのは、聖書の理解よりも人間の思考や論理にいっそう依存して、神のイメージや表象が作られてきたということだ。聖書の決定的な主張は常に、神を知ることはできない、神のイメージを作ることはできない、神が何であるかを分析することはできないというものである。否定神学と言われる神学を実践した者だけが、唯一真摯な神学者なのだ。これは、神が何であるかを知るのではなく、ただ神が何でないかを語る神学である。たとえば、神は貨幣ではなく、木でも泉でも太陽でもない。神について何か肯定的なことを語ることはできない（神は愛であると先に述べたが、それが唯一の肯定的な聖書の宣言である。しかし、愛は与えられた「存在」ではない）。これは、モーセに対する神の偉大な言明、「私はあるという者である」（出エジプト記三章一四節）の要点である。ヘブライ語の用語は種々の意味を持ち、この言葉は幾通りにも翻訳できる。「私はあるという者である」、（他のテキストが記すように）「私はあると言うことのできる者である」、「私はあるという者になる」、「私はなるという者である」、「私はなるという者になる」など。カール・バルトが述べたように、神は自らを啓示するとき、不可知の者として顕れる。したがって、私たちが神に帰する性質は、人間の理性と想像に由来する。おそらく神の死の神学[24]の偉大な功績は、神を殺したことではなく、私たちが神について抱くイメージを破壊したことにある。ニーチェ同様、一九世紀の偉大なアナキストたちの攻撃は、紛れもなく当時の種々のイメージへと向けられたものだった。あるプロテスタントの神学者は、科学は私たちがもはや神を前提とせずに諸現象の理解に達しうることを教えてくれたと述べている。キリスト教哲学者のリクール[25]は、裂け目の向こうにいる神という問題（私たちは理解できないことがあると神を引き合いに出す）をしばしば提示している。神を矛盾の説明に役立つ神としたり、宇宙の起源を説明するための有効な前提としたりすることは間違っている。だが、私た

ちはいまや、神はいかなる外的な目的にも役立たないという、単純で本質的に聖書的な真理に戻りつつある。(15)

しかし、それではなぜ、このような神を保持するのかと問われるかもしれない。何らかの目的に役立つ有用なものだけを保持したらいいのではないか。こうした言いようは、まさしく最悪の意味で、功利主義と近代主義に有利な証拠を与えることになる！　このように考え、神を有用なものにしようとしたことは重大な過ちだった。けれども、もしも神がこういったものでないのなら、俗説としての摂理に異議を唱える必要がある。すべてを予知し、規定し、支配する力という考えはおもしろくはあるが、キリスト教と何の関係もない。聖書のなかに摂理などなく、祝福や疾病、富や幸福を分配する神はいない。神は、プログラムに従って機能する巨大コンピューターなのか？　この手の考え方は聖書的ではない。聖書では、神は私たちと共にいて、私たちの旅路に同行する方である。この神は、時として私たちに介入するが、定められた法則や専制的な気まぐれによってではない。摂理の神などいない。どうしてそうなのかは後に検討しよう。信仰によって、ある幸いを神の賜物とみなし、ある不幸を神からの警告もしくは罰とみなすことはできよう。しかしながら、本質的に重要なのは神についての客観的な知識はないと理解することなのだ。これは神の賜物、あれは神の懲戒と客観的に述べることは私にはできない（他人のことに関しては特にそうだ）。これは信仰の事柄であり、したがって主観的なことである。したがって、もし誰かに何かを言われたときに、私は信仰において実際の言葉以上のものを聞くかもしれないし、そのなかに神の言葉を見出すかもしれない。それはすべて幻想だろうか。しかし、なぜ主観的なことが幻想なのだろうか。何百年にもわたる経験が、これが幻想でないことを証明している。

さて、キリスト者が捏造してきた誤った神のイメージを続けて追ってみよう。摂理が大衆的なものだとしたら、知識人は（科学的因果主義に基づいて）第一原因という神を発明した。もちろん、この神は形而上学的には成立しうるが決して聖書的ではない。この見解の基本的論理は、第一原因である神が本質的に機械的なシステムに属するというものだ。しかし、聖書の描く神は変化し、流動的である。神は恣意的と思えるような決断もする。神は自由な神である。キルケゴールが言うように、神は制約を一切受けない。因果律というピラミッドの頂上に居座ることはありえない。このことは、私たちをさらにいっそう基本的な点へと導く。

創世記一章は、六日間の天地創造を記述している（もちろん、この「日」を二四時間と考えるべきではない）。創造は六日目に完成する。神はすべてがとても良いと見た。そして、七日目には休んだ。しかし、人間の全歴史はどこに入るのか。唯一ありうる答えは、それは第七日目の出来事だというものである。[16] 神が休息に入り、人類の歴史が始まる。それは、天地創造において特別な場を占める。創造には、その作りと働きにおいて独自の法則が備わっている。人類はそのなかである役割を果たす。人類は一定の責任を有している。人類が神に服従しなくなる、つまり、神と仲違いするようになるという事実は、創造に何の変化ももたらさない。神は再びやり直さない。種々の計画を管理するために、休息をやめることはない。この世界の作りは同じままである。しかし、先述したことを忘れてはならない。神は自らの被造物を愛し続けており、この被造物に愛されることを待っている。神は言葉であり、この被造物と対話を続けようとしている。しかし、時として神は休息をやめる。多くの聖書箇所は、このことを明確に述べている。そしてヘブライ人への手紙と黙示録にあるように、最終的には、偉大な約束と歓喜は休息の再発見にある。神は再び自らの休息を見出し、私たちは神のこの休息のなかに入るだろう（これは死の休息とは何の関係もない）。

時として、神は休息から戻る。人間の状況が悲惨なものになるとき、神は救いの計画を練る。これは常にうまくいくとは限らない。というのも、私たち人間はこれに参与しなければならないが、失敗するかもしれないし、その例には事欠かない。繰り返すが、神が休息から戻るのは、人間の人間に対する邪悪が耐えがたいものとなるからだ。それゆえに神は介入し（前述したように、驚くべき奇跡を伴うわけではないが）、邪悪な者たちが罰せられるような秩序を暫定的に再建しなければならない（もっともそれは、密かに神の力を与えられた者の手で行われる）。伝統的な神概念に慣れてしまっている限り最も理解が困難なのが、そうした人間の歴史と神の歴史の交錯なのだ。

この点は、私たちをある重要な考え方へと導く。聖書の神は万物の司令官とは程遠く、解放者として際立っている。[17] 一般には知られていないが、創世記は本当は聖書の第一の書ではない。ユダヤ人は出エジプト記を基本書としていた。かれらは概して、神は普遍的な創造者ではなく、自分たちの解放者だとみなしていた。「私はあなたをエジプト、奴隷の家から導き出した」（出エジプト記一三章一四節、二〇章二節）という宣言は印象的だ。ヘブライ語でエジプトはミツライムと呼ばれるが、この用語は「二重の苦悶」を意味し、ラビの説明によればそれは生きる苦しみと死にゆく苦しみのことである。聖書の神はとりわけ、私たちをあらゆる隷属状態から、生きる苦しみと死にゆく苦しみから解放する。神がその都度介入するのは私たちを再び自由にするためだが、それには大きな代償が伴う。そして、神のこの使命は、人間を通して――たいてい人間は最初はおびえ拒絶する――果たされる。そうしたことは神が人間を教え諭す数多の事例に見て取れるが、アルフォンス・マイヨによれば、そこでは聖書の神がいかにユーモアに満ちているかが示されているのだという。

しかし、なぜ自由なのか。神は愛であり、この愛に応答すべきものは人間であることを受け入れるなら、説明は簡単だ。愛は、強要されたり、命令されたり、義務として課せられたりするようなものではない。それは必然的に自由なのだ。神が解放するというのなら、それは私たちが神を知り愛するようになることを、神が期待し希望しているからである。神が脅しによって自らを愛するように仕向けることなどありえないのだ。

反論があることは承知している。この神は、ユダヤの人々に何百もの掟、特に十戒を与えた神でもある。それでは、なぜ強要などされていないと言えるのか？私があらためて驚かされるのは、これらの掟をあたかも人間の法典の条文と同等であるかのように扱い、そこから義務や責務を引き出してしまえるということだ。

神の与えた掟を、別の観点から見なくてはならない。第一に、これらの掟は、神が生と死の間に引いた境界線である。もし殺すことがなければ、殺されることもまずないだろう。しかしもし殺人を犯すなら、その結果としてあなた自身が死ぬことはほとんど疑いない（個人の犯罪と戦争に何の違いがあろうか！）。剣に訴える者は、剣によって殺されるだろう。このことは他の掟についても当てはまる。その掟のうちに留まるならば、あなたの生活は守られる。それを破れば、あなたはリスクと危険の世界へと入る。「私はあなたの前に善と悪、生と死を置く。だから、善を選びなさい（神である私は、あなたにそうすることを勧め、願う）。それは、あなたが生きるためである」（申命記三〇章一九節参照）。第二に、これらの律法は、命令というよりも約束である。殺してはならないという掟は、殺す必要はないという意味だ。殺さないでいることもできるというのが神の約束なのだ。

私たちを解放する神の行為は、キリスト教信仰に関する限り、イエス・キリストにおいて成就する。この自由を最も強調するのはパウロだ。解放は彼のコリントの信徒への二つの手紙の主題である。まさにこの自由に向かって、私たちは解放されるのだ。私たちは自由にされたのであり、何に対しても奴隷になってはならない。すべてが律法に沿っているとしても、すべてが適切だとは限らない。ヤコブもまた、神の律法を自由の律法と呼んでいる。驚くべきことに、パウロは食物や生活様式に関する教えを提示していない。彼によると、そのような教えは知恵のような体裁を取っているが、単に人間の掟であって神の律法ではない。こうしたくだりを読むにつけ、いかにして教会がそこからまったく逆のものを導き出し、道徳的な教えを積み上げ、教会員を従臣ひいては幼児のように扱うことができたのか、理解に苦しんでしまう。

そう、私たちは解放されているのであり、自らの責任を引き受ける必要があるのだ。それにもかかわらず、神は行動を起こす。神は介入し、命令する。このことをどのように理解すべきか。まず指摘すべきなのは、神の掟は常に個人に対して語られたという点である。神は、特別なことをなすべきあれこれの者を選ぶ。それは、一般法則の問題ではない。私たちには、神の命令を一般化する権利はない。できるのは、そこから教訓を引き出すことぐらいだ。したがって、イエスは裕福な青年に、すべての財産を売り払い貧しい人に与え、自分に従いなさいと言ったが、この命令を一般化してはならない。あらゆるキリスト者は自分の財産を売り払う必要がある、などと決めつけてはならないのだ。しかし、イエスのこの言葉は、富についての警告を意図している。もし良心がそう命じるなら、個々のキリスト者はこれをとりわけ自分に語られた言葉として受け取ることもできる。しかしながら、この命令の発せられた文脈において重要なのは、私たちはここで神と人の弁証法に直面しているのだと理解することにある。私たち自身の行動は自由であり、その行動に対して責任を負っている。しかし、神は個々の状況においても行動する。そのため、この二つの行動は相互に融合するか、反発し合うことになる。いずれにせよ、私たちは決して受動的ではない。神はすべてのことに手を出すのではない。神は助言を与えたり、命令を発したりするが、私たちが別の道を進むことを妨げない。結局のところ、私たちが神の意志とは異なることをしても——驚くべき状況だが——神はそれを認めるかもしれない（神が自らの内に不正を見出し、ヨブの内に正しさを見出してほしいという、ヨブの並々ならない願いが思い出される）。言い換えると、聖書の神は、私たちに耳を貸さずプログラムに従って機能する機械や大型コンピューターではない。また、私たちも、創造主である神の決断の言いなりになるロボットではない。

　このことは、神に対するアナキストの（私の知る限りでは）最後の、最大の異議と関係がある。それは有名なジレンマからなる。神が全能なら、この世に悪が存在する以上、神は善ではない（すべてのものを生じさせたのは神なのだから）。あるいは、神が善なら、なされる悪を防止できない以上、神は全能ではない。すでに語ってきたことが、私たちの返答を後押ししてくれるはずだ。まず明確にすべきは、悪はサタンや悪魔などの高次の力の所産ではないということだ。サタンや悪魔は、現実のものではなく神話的な表象である。それらの用語はヘブライ語やギリシャ語の一般名詞であり、固有名詞ではない。メフィストフェレス[26]は伝説上の形象であって、聖書的なものではない。悪魔とは、人々の分裂を引き起こすもの（愛とは正反対に）のことだ。サタンとは告発者であって、人々が相互に告発し合うように仕向けるものだ。悪は、私たちが自身や他者に悪を働き、隣人や自然などに危害を加えるという二重の意味で私たちに由来する。善の神と悪の神という二元論はない。あるのは悪の存在ではなく、悪の力である。悪の存在は頭で考え出された偽りの問題を表している。大きな蛇は、世界を破壊へと駆り立てる力である、と。しかし、聖書的に言えば、問題は私たちであり、私たちこそが問題なのだ。

すでに見てきたように、神は私たちに愛の神自身に立ち返るように呼びかけている。したがって、神は私たちを解放するためにその都度この世に介入する。私たちは自由であり、自らで決断することができる。誤ることも、害を与えることもできる。神の意図と逆のことをなしうるのだ。神は善を欲していても、人が逆のことを行う自由に任せている。もしそうでなく、神が全能者として私たちが自動的に善をなすようにさせるなら、人間の生活はもはや何の意味も持たないだろう。そのとき、私たちは神の手のなかにあるロボット、神の作ったおもちゃとなる（だとしたら、なぜそんなものを作ったのだろう？）。もしそうなら、私たちはもはや何に対しても責任を持たないだろうし、私たちが善をなそうが悪をなそうが、どうでもよいということになってしまう。そのことをよく心に留めねばならない。無論、「万事」は非の打ち所なく進むだろう。もはや戦争、殺人、専制政治などはないだろう。コンピューターさえないだろう！　自然の事故はどうだろうか。大災害はどうだろうか。これは明らかに、不可知論者にとっての最大の難題だ。聖書は次のように説明している。被造物は一つの全体として造られ、その全部分は相互に厳密な連関を保っている（最先端を行く物理学者が現在認めている通りだ）、この被造物において人間はその働きの頂点とも言える位置を占め、被造物に対して責任を負っており、その役割は神の愛を被造物にもたらすことにある、なぜならあらゆる被造物は神との断絶状態に陥っているからである、と。被造物の主たる部分［人間］が自律を獲得して自らの道を進むのだから、被造物のなかでそれから逃れられているものは何もない。その結果は惨憺たるものだ。それでもやはり、宇宙や物質を組織する諸法則は、人間の体が維持されているのと同様にそのままである。混沌へと逆戻りすることはない。しかしながら、人間の生と同様、世界は破綻や災禍を被っている。人間が存在そのものである方と断絶している以上、これは不可避である。

いわゆる〔創世記の〕大洪水に象徴される災害などは、人間だけに対する、人間だけに関係する事柄だというのが、最後の論点である。雪崩や地震や洪水はそれ自体として悪いものではない。自然に対しては何の害も与えていない。それは、作動している物理的・化学的諸法則の単なる一表現に過ぎない。ただ、私たちがそこにいて巻き込まれ、人間にとって大災害だと言われるような自然の変化の結果を被るために、悲惨なのだ。すでに述べたように、神は絶えずこの世に介入するのではない。私たち――神と断絶してしまっている私たちだ！――がそこにいるからといって、神は自然法則の機能を止めたりしない。そうしたことが行われるのは、キリスト者が奇跡と呼ぶ例外的な場合だけだ。そのうえで重ねて主張すべきは、実際の奇跡の出来事自体には、聖書的な観点から見て何の重要性もないということだ。重要なのは端的にそこに見出される意味、そしてとりわけ神が保護や治癒などを通して示すように、神との関係が再確立されるということのしるしである。奇跡は単なる驚きの出来事ではない。滅多に見られることなく、例外的なものでもある。したがって、私はたとえば子イエスにまつわる奇跡（土で鳥を作り、息を吹き込んで飛ばしたといった）を全面的に否定する。後の伝承に記録されているこの種の奇跡には、見る人を驚愕させること以外に何の目的もない。しかしながらイエス自身は、人々を驚かせるために、もしくは自分が神の子であることを見せつけるために、奇跡を行ったことは決してない。彼はこうしたことをはっきりと拒否していたのだ。そのため私は、マリアや天使に関する後代のよく知られた顕現物語も全面的に否定する。それらは聖書の教える神の行為と何の関係もないからである。

このように言うからといって、読者を納得させたと主張するつもりはない。私が唯一なそうと努力しているのは、自分は無神論者だとか不可知論者だとか主張する人が、誤った滑稽な理由ではなくもっともな理由からそう言えるよう、より良い問題提起をすることである。私はかつてマルクスとマルクス主義について通年講義をしていたとき（一九四七～一九七九年のことだ）、いつも学生にこう言っていた。私は可能な限り誠実であるように努める。あの手この手でみんなを納得させようとはしない。私が望むのは、みんながマルクス主義への賛否を決めるとき、感情や曖昧な観念や特定の背景ではなく、正確な知識ともっともな理由に基づいて判断することなのだ、と。同じことを、いまここで言いたい。

訳注

1　ジャン・リクチュスは一九世紀末から二〇世紀初頭を生きたアナキスト・詩人で、俗語を多用して貧困層の人々の姿を活写した。アルベール・カミュがエッセイで論じたことで知られる。

2　キング牧師らの公民権運動における「非暴力直接行動」は、人種差別が自明視された社会のなかで不平等を可視化し緊張関係を創出しようとするものだった。また、ブラック・パワー運動における武装をも辞さない闘争は、法的平等の範疇に収まらない構造的な人種差別に抗して黒人の自己決定権や尊厳の回復を求めるものであり、コミュニティの自衛、自律的な給食や医療実践などにも注力していた。これらを単に非暴力か否かという対立軸で比較することは、必ずしも妥当ではない。酒井隆史『暴力の哲学』（河出書房新社、二〇〇四＝二〇一六年）を参照。

3　一九五三年のスターリンの死後、建設労働者への締めつけ政策に対する抗議から起きた東ベルリン暴動を指すものと思われる。なお一九五六年は、本文中にもあるように、ハンガリーでソビエトの支配に抵抗する暴動が起こった年である。

4　二〇世紀ポーランドの労働組合指導者・政治家。民主化運動で重要な役割を果たした独立自主管理労働組合「連帯」の創設メンバーであり、一九八三年にはノーベル平和賞を受賞。一九九〇年には大統領となり自由化・民主化を推し進めた。

5　マンゴスツ・ブテレジは南アフリカの政治指導者。一九七四年には国内の人種的平和を非暴力で推し進めることをうたったマハラバティニ宣言に署名し、欧米の知識人からも支持を得た。ただしその後、ブテレジが率いた右派のインカタ自由党は、ネルソン・マンデラを中心とするアフリカ民族会議との間で激しい武力衝突を起こしたことが知られている。一九八七年当時のエリュールのこの記述は、そうした文脈を踏まえて読まれるべきである。

6　ドレフュス事件では左派論客として知られたジョルジュ・クレマンソーは、政界で地位を得るなかで労働運動を弾圧、首相として第一次世界大戦を戦い対独強硬路線を取るなど保守的にふるまった。また、クレマンソーに続き首相を務め、大戦後の平和外交で知られたアリスティード・ブリアンは、もともとサンディカリストとして政治活動を開始したが、次第に社会主義色を払拭しストライキの弾圧を行った。

7　一九七〇年代、フランス政府のアキテーヌ地方を中心とした開発計画への抵抗において、エリュールは重要な役割を果たした。こうしたエリュールの思想・実践の経歴は、松谷邦英『技術社会を〈超えて〉――ジャック・エリュールの社会哲学』（晃洋書房、二〇二〇年）に記述されている。

8　フランソワ・ミッテラン政権下の内相ガストン・ドフェールは地方分権化を押し進めたことで知られ、一九八二年に制定されたその法律はドフェール法と称される。

9　ダニエル・コーン・ベンディットは青年期にパリ・ナンテール大学で学びアナキストとして活動し、五月革命で重要な役割を果たしたが、ドイツ国籍であることを理由に当局から国外追放された。後にはドイツ緑の党に加入、欧州議会議員を務めた。なお、リセ・ドゥ・サン＝ナゼールを設立したガブリエル・コーン・ベンディットはその兄である。

10　薬物使用を全面的に禁じるのではなく、使用に伴う健康的・社会的悪影響の軽減を目指して清潔な注射器の配布などを行う、いわゆるハーム・リダクションを批判するここでの記述には留保が必要だろう。厳しい取り締まりによって薬物使用がいっそうスティグマ化され、注射器の回し打ちによる感染症の増加などの弊害が累積するのに対してオランダを先駆として実践されたハーム・リダクションは、その有効性が認められ現在では世界的に推進される施策の一つとなっている。

11　二〇世紀に活躍したフランス出身の文芸批評家、人類学者、カトリック思想家。人間の文化の根源的な暴力性をめぐる構造主義的な議論を展開し、欲望のミメーシスやその三角形的図式についての理論は現在でも大きな影響力を持つ。『欲望の現象学――ロマンティークの虚偽とロマネスクの真実』(古田幸男訳、法政大学出版局、二〇一〇年)、『文化の起源――人類と十字架』(田母神顯二郎訳、新教出版社、二〇〇八年)など邦訳書多数。

12　英語版原文では"cities of God"と表記されている。アウグスティヌスの『神の国』を想起させる表現だが、ここでは千年王国運動(既存の国家・教会の支配を否定する終末論に基づく急進的民衆運動)と並置されていることから、キリスト教信仰と照らして地上に理想的な国家を建設しようとする運動全般を指すものと思われる。

13　科学技術社会論においてエリュールは、技術の自律性とその負の効果を強調する技術決定論の典型とみなされることが多い。だが、ここでの記述が示す通りエリュールの批判する「技術 technique」は、単なる科学技術ではなく、それが政治・経済・文化と一体になって働かせる合理的組織化の諸力、またその非人間的な性質を指すことに留意しておきたい。

14　古代ローマで儀礼の一環として行われていた動物供儀を指す。

15　以下のユダヤ教やイスラム教についての記述は、あくまでキリスト教への自己批判を含む組織宗教批判という文脈で書かれたものである。もっとも、ここでの批判や後出するアフリカやインドの宗教への言及が、どれほどの妥当性を有するのか、それ自体批判的に検討されねばならない。

16　ヘブライ語のヘーレムはもともと「一般的な用途を離れて、神に捧げること」を意味し、ヨシュア記では、イスラエルの民が約束の地カナンを手中に収めるための異教徒の殲滅が、ヘーレムとして記述される。

17　カタリ派は一一～一二世紀頃からフランス南部やイタリア北部に広がっていったキリスト教の一派。フランス南部の都市アルビで隆盛したことからアルビ派とも言われる。一二〇九年に始まるアルビジョワ十字軍の弾圧対象とされた。

18　アウト・デ・フェ（auto de fé）はスペインやポルトガルの異端審問で有罪を宣告された者に課せられる懲罰の儀式を意味し、時に火刑のような苛烈な形態を取った。

19　ヨセフ・フロマートカは二〇世紀に活躍したチェコスロバキアの神学者。ナチスから逃れアメリカに亡命後、一九四七年に共産主義政権下のチェコスロバキアに帰国、マルクス主義との対話を推進した。邦訳に『人間への途上にある福音――基督教信仰論』（平野清美訳、佐藤優監訳、新教出版社、二〇一四年）など。

20　アルベルト・ベレツキーは二〇世紀に活躍したハンガリー改革派教会の司教。戦時中にはナチスへの抵抗運動を行い、戦後には教会議長を務めたが、一九五六年のハンガリー動乱のなかで辞任した。

21　ナチスのキリスト教観がカトリックと大きく相違していることを懸念した教皇ピウス一一世が、ドイツ国内でのカトリック教会の活動を認めさせるため一九三三年に取りつけたライヒスコンコルダートを指す。ナチスはこれをもってバチカンからの承認を得たとして、自らのさらなる勢力拡大に利用した。

22　一九世紀フランスの革命家オーギュスト・ブランキの創刊した雑誌名としても知られるこの標語の由来については、ダニエル・ゲラン編『アナキズム・アンソロジー　神もなく主人もなくⅠ』（江口幹訳、河出書房新社、一九七三年）を参照。

23　アンドレ・シュラキは二〇世紀に活躍した弁護士、法学者、宗教者。アルジェリアで生まれパリ大学で学んだユダヤ人で、ベン・グリオン首相の顧問を務めるなどイスラエルの政治政策に深く関与した。邦訳に『イエスとパウロ――イスラエルの子』（長柴忠一訳、新教出版社、二〇〇五年）など。

24　一九六〇年代のアメリカでは、第二次世界大戦以後の世界情勢や世俗化の進行する文化的趨勢を背景に、神の不在、その死をめぐる神学的議論が起こった。これらはまとまった学派を形成していたわけではないが、従来の超越的な神のイメージに代えて人間の歴史に内在する神などの新たなイメージを提唱した点で、現代神学に重要な影響を与えた。

25　ポール・リクールは二〇世紀フランスで活躍した哲学者。現象学と実存哲学から出発し、分析哲学や精神分析なども取り入れた独自の「解釈学的現象学」を打ち立て、聖書、神話、隠喩論、物語論など広範な領域でのテキスト解釈を行った。『時間と物語　1〜3』（久米博訳、新曜社、一九八七〜九〇年）、『物語神学へ』（久米

博、小野文、小林玲子訳、新教出版社、二〇〇八年）など邦訳書多数。

26　一六世紀のドイツで流布していた伝説で、錬金術師のゲオルグ・ファウストが召喚し契約する悪魔の名前。ゲーテの『ファウスト』をはじめとする多くの文学作品の題材となっている。

原注

（1）キリスト者がこの書を併合し、ユダヤ人から真にかれら自身に属するものを奪ってしまったという非難を避けるには、「旧約聖書」よりこの表記が好ましい。

（2）私の *Violence: Reflections form a Christian Perspective* (New York: Seabury, 1969)（『エリュール著作集9　暴力考』唄野隆訳、すぐ書房、一九七六年）を参照。

（3）教皇に広大な領土が与えられたのは、王や皇帝や貴族などがふるう政治的圧力から自由になるため、つまりはその独立を確保するためだったが、それが招いたのは正反対の結末だった。ここには権力の倒錯がある。

（4）ここで興味深かったのは、私たちは行政自体に違法行為を強いたという点である。方法は簡単だった。行政は規則に則らずに作業を開始した後で、自らを命令や法令によって正当化しなければならなくなった。対して特務機関のディレクターのビアシーニは、たとえ異例で適切な調査などが行われていないことでも、一度開始した作業はもはやどうしようもないとの自説を立てた。言い換えると、一度ブルドーザーが動きはじめたら、もう手がつけられないというわけだ。これは、市民を全面的に規制し、違法行為を公的に承認することを意味する。もう一つの同様の例は、〔フランス西部大西洋岸の島〕イル・ド・レの橋の建設である。これは裁判所が建設中止命令を出したのに、何事もなかったかのように建設が続けられている。

（5）中央集権的国家は破滅的な役割しか果たしていないのだが！ この点を明確にした研究に J. J. Ledos, J. P. Jézequel, and P. Régnier, *Le gâchis audiovisuel* (Ed. Ouvrières, 1987) がある。

（6）Y. Charrier and J. Ellul, *Jeunesse délinquante: Une Expérience en province* (Paris: Mercure de France, 1971) を参照。

（7）かれらは雇用維持という口実によってコンコルド〔英仏共同開発の超音速旅客機。安全性や環境への影響などさまざまな問題を抱えたまま実用化され、二〇〇〇年には墜落事故を起こして運航停止となった〕の愚行を支持し、依然として兵器の製造と輸出を正当化している。

（8）科学の危険性を見抜いている幾人かの科学者や、〔ギリシャ出身の哲学者・経済学者で社会主義の全体主義化を批判した〕C・カストリアディスのような何人かの孤立した人物は例外である。

（9）たとえば、私の *Subversion of Christianity* (Grand Rapids: Eerdmans, 1986), pp. 10ff を見よ。

（10）私の *Subversion of Christianity* (Grand Rapids: Eerdmans, 1986), pp. 17ff を見よ。

（11）国家や社会や機関がキリスト教的であることは不可能だというのは、別のところで示した。キリスト者であることは信仰の行為を前提とするので、国家のような抽象的存在にとって、それは単純に不可能なのだ。

(12) 私は法制史の教授だった。一四～一五世紀における政治、宗教、経済、社会などの危機的状況の研究を専門にしていた。

(13) 類稀な女性としてジャンヌ・ダルクは賞賛に値するが、もしフランスが仏英体制のなかに飲み込まれていたとしたなら、歴史はもっと単純だっただろう！

(14) 魔術に対する教会の当初の態度は懐疑的なものだったということは、一般には知られていない。四世紀から一〇世紀の文献によると、教区司祭は魔法や魔術は存在しないと信者に教えていたのだ！　魔術師や魔女の処罰は一三世紀に始まり、特に一四世紀にはペストなどの惨事によってその数が激増した。

(15) 読者はきっと、創世記の一章は物事の興りを説明していると言うことだろう。しかし、説明されてはいないのだ。創世記のいくつもの章の要点は、非常に多様なものだ。ラビたちは、物事の起源には興味がなかった。

(16) 詳しくは、私の *What I Believe* (Grand Rapids: Eerdmands, 1989), pp. 152-166（『現代人は何を信ずべきか――「技術環境」時代と信仰』伊藤晃訳、春秋社、一九八九年）を参照。

(17) 私の *Ethique de la liberté*, 3 vols. (Geneva: Labor et Fides, 1975-1984)、抄訳 *Ethics of Freedom* (Grand Rapids: Eerdmans, 1976) を参照。

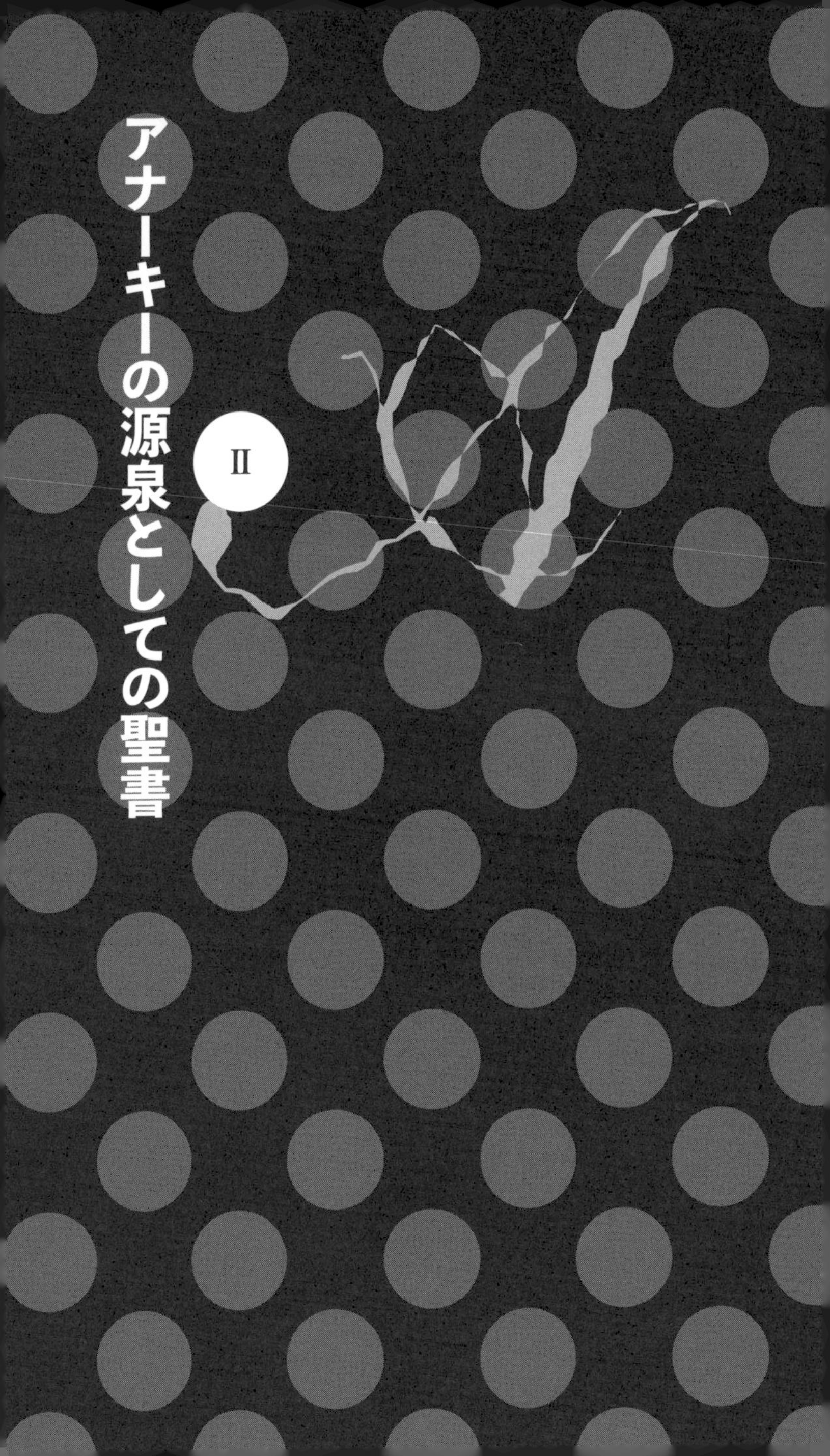

II

アナーキーの源泉としての聖書

次の課題は、国家や権威の確たる基盤を提示するのとは程遠い聖書の「素朴な」読み方により、無秩序という通常の意味とは異なるan-arche、すなわち権威と支配がないという意味でのアナーキーへ向けて、より良い理解を示すことである。私たちは無秩序を目の当たりにするとたいてい、まったくアナーキーだと言う。これは、西洋に生きる私たちが、強力な中央集権的権力や強制力（警察、軍隊、プロパガンダ）によってのみ社会秩序は確立されうると確信してしまっているためである。この種の権力に異議を唱えることは、必然的に無秩序を意味するというわけだ！　たとえば、ルターは農民反乱による無秩序（これは、農民集団が彼の『キリスト者の自由』の説教を受け入れ、それを直ちに表明しようとした結果なのだが）を恐れ、その蜂起を鎮圧するようにと君主たちに早急に要請した。カルヴァンは、何であっても社会的無秩序よりはましだ、専制政治でさえも、と述べた！　これらの二人の著者を引き合いに出すのは、かれらが（プロテスタントだという点で）私に最も近いからであり、また国王や君主などが顕著に利益をもたらしてくれるのを前に、聖書の信仰深い読者や真のキリスト者までもが目を曇らされることがありうるのだと示すためである。かれらは、こうしたフィルターを通してしか聖書を読むことができないのだ。

しかし今日、いかなる体制のもとであれ国家によって個人が圧殺されていると いう事態に直面している私たちは、この巨獣(ベヒモス)に異議を唱えねばならないし[1]、そ れゆえ聖書を別の方法で読む必要がある。後に見るように、聖書のテキストのな かには権威を認めるように思える箇所があるのもたしかに事実だ。他方、聖書は 概してアナーキーを指し示す傾向があり、権威に好意的なテキストは例外的だと 思われるのだ。そのことを以下では述べていきたい。

1. ヘブライ語聖書

エジプトからの解放後、ヘブライ人は当初、カリスマ的指導者に導かれていた。砂漠を放浪すること四〇年、正確な意味での組織は実際にはなかった（出エジプト記ではいくつかその兆しが見られるけれども）。カナンの地の侵略と征服のために軍事的指導者ヨシュアが立てられたが、これはごく短期間のことだった（実に、ヘブライ人が同一の起源を持つ単一な集団だったのかを疑う学者もいる）。すでに概説したように、おそらくモーセによって、民は氏族・部族ごとにまとめられた。十二部族は皆各々の族長を持っていたが、かれらは具体的な権力をほとんど有していなかった。重要な判断が必要なときには、祭儀的な生贄と神の霊感を求める祈りとともに民の集会が開かれ、それが最終決定権を持っていた。ヨシュア以降、各部族はそれぞれの領地を占有しはじめた。多くの地域は割り当てこそされていたものの、完全に征服されてはいなかったのだ！　征服が完遂されたとき、興味深いシステムが作られた。部族の王子というものは存在しなくなり、貴族的とみなされていた家系は破壊、解消された。イスラエルの神は、ただ自分だけがイスラエルの長であると宣言した。しかし、これは神権政治ではなかった。神は地上では代表者ではなく、部族の集会だけが決定を下していたからである。

例外は、度重なる敗戦、飢饉、社会的動乱、偶像礼拝、異教への回帰によって状況が悲惨なものになるときだった。神は特別な権力を持たない男か女を選び、その者に霊感を与え、戦争を勝利に導き、民を神の礼拝に連れ戻した。そうして危機を解決させたのだ。「士師」[1]がその任務を果たしていたときも、かれらは控えめにふるまって、民のもとに戻っていったようだ。これは明らかに柔軟なシステムだった。神は、必ずしも特別な家系や恵まれた身体の者を選ばなかった。デボラ、ギデオン、トラ、ヤイル、サムソンは、王というよりも預言者だった。かれらは恒久的な権力を持ってはいなかった。神のみが崇高なる権威者とみなされていたからである。士師記の最後の重要な句（二一章二五節）は、「その頃、イスラエルには王がなく、民は自分自身の目に正しいとすることを行っていた」である。その証拠には、九章のアビメレクの話があげられる。

ギデオンの息子の一人〔アビメレク〕は神からの命令がなかったので、かつてイスラエルを救った人物の家系の一員である自分が、父の任務を継承すべきだと決断した。彼は兄弟を皆暗殺しはじめた。そしてシケムとミロ（あるいはベト・ミロ）の住民を集め、自分が王だと宣言した。しかし、預言者ヨタムは彼に反対し、人々に面白い譬えを話して訴えた。木々が王を選ぶために集まり、ある木を自分たちの頭にしようとした。かれらはオリーブの木を選んだ。だがオリーブは、自分の仕事は良い油を産み出すことだからと言って断った。するとかれらはイチジクの木を選んだが、イチジクも同様の返答をした。「他の木々より優れた者になろうとして、私のつける甘くて良い実を捨てたりするでしょうか」（士師記九章一一節）。けれども、木々は王を欲しがった。それでかれらはブドウの木を選んだが、その返答は最初の二者と同様であった。さらに茨の木に頼むと、茨はそれを受諾し、自分に従わない者は焼き尽くされるだろうと即座に述べた。ヨタムはアビメレクを非難した後、逃亡しなければならなかった。アビメレクは三年にわたり統治した。自由に慣れ親しんでいたイスラエルの人々は、そこで反乱を起こした。抑圧と虐殺がそれに続いた。しかし、反乱に勝利した後アビメレクが塔を通り過ぎる際、塔のなかの一人の女が挽き臼の石を彼の頭に投げつけ、その頭蓋骨を砕いた。士師の組織はこうして回復されたのだ。

実際の王権（つまりは中央集権的権力だ）の歴史は、サムエル記上八章の有名な物語から始まる。まずサムエルは士師だった。しかし、集まった民はいまや現在の政治組織に辟易していると彼に告げた。民は王を欲しがり、諸外国のようになりたがった。[2] 民はまた、王は軍事指導者としても優れているだろうと考えた。サムエルは反対し、神に祈りに行った。イスラエルの神は答えた。「驚いてはならない。民はサムエル、あなたではなく、私、神を退けたのである。民は私がかれらを解放してから、私を退け続けてきた。かれらの要求を受け入れなさい。しかし、いまから起こることをかれらに警告しなさい」[3]。こうして、サムエルはイスラエルの民の集会に戻り「王が欲しいのなら、持つがよい。だが、この王がどんなことをする王かを、あなたがたは知らなければならない」と告げた。その王は民の息子たちを集めて兵士にし、娘たちを集めて男の取り巻きや召し使いにする。また、税を課して最上の土地を取り上げるのだ、と。しかし、民は構わないと答えた。民は王を欲したのだ。サムエルは再び、この王に対して民は抗議の叫びを上げることになるだろうと警告したが、どうにもならなかった。こうして、王として選ばれた者、つまりサウルが登場した。この人物は私たちがよく知っている通り、おかしくなって権力をあらゆる形で乱用し、ついにペリシテ人との戦いで死んだ。

二番目の王ダビデは、名声を轟かせたイスラエル最大の君主だった。彼はたびたび王の鑑として取り上げられた。私は別の所で、彼はイスラエルの王のなかでも例外だと書いたが、バーナード・エラーは私より辛辣だ。[4] エラーは、ダビデがアナーキーを支持するうえでの好例だと考えている。その理由はまずもって、聖書のある箇所（サムエル記下一二章七―九節）が示すように、ダビデは自分自身では何もしなかった点にある。ダビデを通して神だけが働いていた。彼の栄光は支配（アルケー）によるものではなく、ただただ神の善意によるものであった。そしてエラーは、ダビデが王として統治中に行ったことはいずれも、続く数世紀にわたりイスラエルの王たちに立て続けに惨事をもたらしたことを示している。この点の重要性は明らかだ（フランスのルイ一四世がしたことはことごとく一八世紀の政治的失策を招き、その結果革命に至った）。さらに聖書は興味深いことに、ダビデの失敗――自分が欲する女性の夫の死を画策してライバルを殺したこと、統治中に絶え間無い内戦を行ったことなど——を強調している。そのため、ダビデは決して潔白や名誉に値するようには描かれていない。

ダビデの後、その子ソロモンが王となった。ソロモンは正しくまっすぐな者だった。しかし他の者と同様、後に権力が自らの王位にもたらされると、重税を課し、大金を投じて神殿を建て、七〇〇人の妻と三〇〇人の妾を持った。また、イスラエルの神以外の神々を崇拝しはじめた。彼は全土に要塞を築き上げ、死ぬ頃には皆に嫌われていた。

イスラエルの長老たちはソロモンの子〔レハブアム〕に助言して、減税し、重い隷属の軛を軽くするような、より寛容な政策を採る後継者を立てることを勧めた。しかし、レハブアムは耳を貸さず、民が再び集まったときには「私の父はあなたたちの軛を重くしたが、私はそれをさらに重くしよう。私の父はあなたたちを鞭で懲らしめたが、私はさそりで懲らしめよう」（列王記上一二章一四節）と言った。民は反乱を起こし、労役監督を石で打ち殺した。ダビデ家は拒絶され、分裂が起きた。ユダ族はレハブアムに従い続けたが、他の民族は以前ソロモンに仕えていたヤロブアムのもとに集まった。

思うに、この物語は全編にわたって注目に値する。というのは、聖書が「偉大な」王にいかに厳しいかを示しているからだ。これらの王たちは、その統治においていて軍隊、財政、行政、中央集権などの国家機能にも等しいものとなっていた。それだけに、聖書は王に厳しいのだ。

しかし、イスラエルの君主制について語るべきは、これだけではない。重要な点を二つ指摘しておく必要がある。第一の点は短くまとめられる。聖書の記事では「良い」王はいつもイスラエルの敵に敗れており、戦いに勝ったり自分の領地を広げたりする「偉大な」王はいつも「悪い」王なのだと言える。「良い」とはかれらが義であること、自分の権力を乱用せず、イスラエルの真の神を礼拝することを意味する。また、「悪い」とは偶像礼拝を促進し、神を拒み、不義と邪悪に染まることを意味する。このことは非常に体系的に書かれているので、ある現代の歴史家などは、これらの聖書記事は反君主主義者やそうした党派心の強い者によるものだと示唆するほどだ(とはいえ、歴代誌ではそこまで明快に記述されていないのもたしかなのだが)。驚きなのは、問題の王たちがまだ統治していたまさにそのとき、ラビや(こう言ってよければ)民の代表者たちによって記事は編集され、公にされ、権威づけられたということである。検閲や統制があったに違いないが、それらがこうした書物の拡散を阻止することはなかった。さらに、記事は単に保存されただけではなく、神の霊感によるものとみなされた。それらはイスラエルの神の啓示として取り扱われ、神自身は王権や国家の敵として表されている。それらは神聖な書であり、一連の霊感を受けた書物のなかに収められ（当時まだ聖典はなかった）、会堂で読まれた（アハブのような統治者には、反王党派のプロパガンダかのように受け取られたに違いない）。それらは神の言葉として、あまねく民の前で解説された。私にとってこうした事実は、紀元前八～四世紀のユダヤの人々の枢要な思想を証明してくれる驚くべきものなのだ。

さらに、これらのテキストと全預言書は、政治的に極めて奇妙な現象、すなわちどの王に対しても預言者がいたことを明示している。預言者は往々にして（たとえばダビデの場合も）王の行動の厳しい批判者だった。また預言者は、自分は神に由来し、神からの言葉を語っていると主張した。この言葉は、常に王の権力に対立していた。当然、預言者はしばしば追放され、逃亡を強いられ、獄に繋がれ、死の恐怖などにさらされた。しかし、こうしたことは問題にならなかった。預言者の裁きは真理とみなされた。そしてまた、かれらの書いた物は多くの場合権力と対立し、保存され、神の啓示とみなされ民によって伝え聞かれた。かれらのうちで王を支持する者は存在せず、誰一人として王の顧問ではなかった。誰も「統合」されなかった。預言者たちは、今日で言う対抗勢力(カウンターフォース)だったのだ。この対抗勢力は民ではなく神の代理だった。偶像崇拝に陥った王でさえ、民の信じていた神の代理人に手こずった。預言者たちは、王は誤りを犯した、王の追求する政策はこれこれの結末に至り、神の裁きの対象になるといったことを絶えず語っていた。時として王は、やはり神の名で語り自分は預言者だと主張する別の者たちに訴えた。したがって、預言者の間で戦いがあった。しかし、イザヤやエレミヤのもとで保存された記事は、毎回真の預言者が偽預言者を圧倒していたことを示している。ここにはまたも、以前と同じく不思議な点がある。王に好意的な偽の預言は、どれ一つとして聖書のなかに保存されていない。しかしながら、真の預言者の奮闘の記録は保存されているのだ。論理的に言って、王権は真の預言者を抑えつけねばならなかったはずだ。その事実が、抑圧下の預言者たちによる宣言のなかに神の言葉があることを示している。一連の事実には、反国家的とは言わないまでも一貫して反王権的な感情が、驚くべき仕方で表れているように思われるのだ。

これで終わりではない。さらに二つ、付け加えるべきことがある。紀元前四世紀の終わり頃、通常は伝道者の書(コヘレトの言葉)と呼ばれている驚くべき書が登場する。この書は政治権力に対し、真剣に異議を唱えている。[5] この書は、最も裕福で強大だった偉大なる王ソロモンの作とされている。しかしまず初めにソロモンは、政治権力が空しく風を追うようなものであることを知る。彼は王権によりすべてを獲得し、宮殿を建て、芸術を振興した。しかし、それらは彼にとって価値のないものだった。これだけが政治権力を批判する理由だというわけでもない。その三章一六節で、「裁きの座に悪が、正義の座に悪がある」と述べられている。著者はまた、今日で言う官僚政治（これはヒエラルキーの申し子である）のなかにも悪を見ている。「もし、貧しい人が虐げられていることや、不正な裁き、正義の欠如などがこの国にあるのを見ても、驚くな。なぜなら、身分の高い者が身分の高い者をかばい、さらに身分の高い者が両者をかばうのだから」。そして、この聖句は次の皮肉で結んでいる。「何にもまして人々の益となるのは王が耕地を大切にすること」（五章七－八節）。しかし、その後にあらゆる支配は猛攻に晒される。「人が人を支配して、苦しみをもたらしている」（八章九節）。最後に再び皮肉が出る。「王を呪うな。寝室ですら金持ちを呪うな。空の鳥があなたの声を運び、翼ある生き物があなたの言葉を告げる」（一〇章二〇節）。このように、政治権力は至る所で、寝室のなかでさえスパイ活動を行っているため、生き延びたければ権力に反対するようなことは言ってはならないというわけだ！

最後に、私たちはユダヤ人の君主制が辿った結末に目を向けなければならない。パレスチナはギリシャ人によって征服され、それからセレウコス王朝の一部となった（紀元前三世紀末頃）。その後、ユダヤ、特にエルサレムを解放しようとするマカベアの反乱が起こった。この解放戦争は長期間にわたる血なまぐさいものだったが、紀元前一六三年に終息した。多くの政党は、それから権力を目指して争った。ユダヤ人は、植民地の専制政治からユダヤ人の専制政治――堕落を極め、その宮廷が陰謀で満ちていたことで知られるハスモン家（たとえば、ある王は母を餓死させ、また他の王は兄弟を暗殺するなど）――のもとに置かれた。こうして敬虔なユダヤ人はこの王朝に敵対的になり、嫌悪に駆られた人々は、イスラエルの王を放逐するべく異国の王に訴えることを選んだ。廃位は成功しなかったが、私たちとしてはここに、紀元前一世紀に蔓延した、あらゆる政治権力に対する敵意の理由を見出すことができる。

イスラエルの君主制の没落話はまだ終わりではない。ローマ人は紀元前六五年にパレスチナの地に登場し、ポンペイウスがエルサレムを包囲して最終的に陥落させ、その後にはおぞましい虐殺が続いた。ポンペイウスがローマでこの勝利を祝していたとき、ハスモン家最後の王であるアリストブロスは獄中の人となっていた。そして、指導的なユダヤ人家系の間では、王位の継承をめぐる醜い争いが始まった。神の律法と信仰の維持が、そのような指導者にとっては何の意味も持たないことは明白だった。

ローマ人によってガリラヤの支配者に任命されたのが、カエサルの保護を受けていた者の子ヘロデである。ヘロデは苛酷な政策を採用し、陰鬱な略奪の世界となっていたところに秩序を回復した。また、彼は主たる強盗の指導者を死刑にした（政治権力に対するゲリラ攻撃は、もはやまったくの盗賊行為となっていた）。敵対者たちは、最高の「政治」議会であるサンヘドリン（この法廷は実際には何も行わず、実質的な権力を持っていなかった）で彼を訴えた。ヘロデがこの法廷の生殺与奪の特権を不正に行使していたからである。しかし、自分がローマから支持されていることを知っていたヘロデは、最高議会の前で自信と傲慢さを示した。この臆病な一団は自分に反対することなどできないと思っていたのだ。ヘロデは軍隊を伴ってエルサレムに戻ったが、彼の父は新たな戦争を阻止するために介入した。ヘロデの力は徐々に増大した。紀元前三七年に、彼はローマと同盟を結びパレスチナ全土の真の王となった。ヘロデは総督とともに統治したが、その部下だったわけではなく、ローマのプリンケプス（後の皇帝である）を直接頼みにしていた。

このような権力を得ていたヘロデは、政治活動に相当に関与し、警察による取り締まりを行って全土に圧政を敷いた。また彼は建築も始め、すべての都市は〔初代ローマ皇帝〕アウグストゥスを顕彰して建てられ、アウグストゥスの壮麗な神殿も造られた（彼は東方に皇帝崇拝を広げた一人だった）。彼はエルサレムに強固な要塞も築き上げ、ついには紀元前二〇年にイスラエルの神のために新しい神殿を建てはじめた（周知の通り彼は宗教的混淆主義だった）。また彼は回廊を増設した（今日も見ることのできる巨大な外壁を備えており、その一つが有名な嘆きの壁である）。加えて、金などの装飾品に飾られた豪華な建物を造った。こうして、彼はヘロデ大王として知られるに至った。だが、彼がこうした建造計画に携わることができたのは、もっぱら重税を課し、人々を抑圧し、強制労働までさせたからだ。彼の後、国は一五〇年間の内戦と比類のない荒廃に陥ったことを忘れてはならない。その地は廃墟と化し、飢饉がたびたび起こった。暴力と恐怖が政治的手段となったことは、想像に難くない。現実にヘロデにとって重要なのは、ローマとその皇帝との交友、ならびにそこから得られる庇護だけだったのだ。

紀元四年にヘロデが死ぬと、紛糾した継承問題は新たな内戦を引き起こし、ローマはヘロデ王国の一部を占有した。最終的に、その子の一人ヘロデ・アンティパスは王国の一部を取り戻すことに成功したが、彼自身は犯罪と放蕩に溺れた生活を送っていた。後のことを理解しようとするうえでは、このことに留意しておく必要がある。イスラエルの民は、一方のローマの支配と（この支配はユダヤ王政の支配ほど厳しくはなかった）、他方のヘロデの暴力にいかに応じたのか（不思議なことに、民やラビたちはダニエル書以外は神の霊感による書と認めていなかった。バプテスマのヨハネまで預言者は現れなかったのだ）。二つの対応が見受けられる。一つは暴力だ。この恥ずべき王朝とローマの侵略者は国から駆逐されねばならない。こうして国は、指導者間の紛争の犠牲となっただけでなく、攻撃をしかけたり有力者を暗殺したりといった従来的な手法で王室やローマと戦うゲリラ集団（当時は盗賊と呼ばれていた）の行動のため、騒乱に陥った。もう一つは敬虔な人々によるもので、それはこうしたおぞましい状況からの撤退だった。これらの信心深い者たちは、熱心な宗教共同体を作り、世俗的な事柄を避け、もっぱら祈りと礼拝に専心した。こうした共同体の間では黙示的傾向が発展し、一方では世の終わりが預言され（「荒廃をもたらす忌まわしいものが、立つべきではない所に立つのを見るとき」——長らく前から伝えられていたこの表現以上に、ハスモン家とヘロデ王朝をうまく描いたものはない）[3]、他方ではすべてに秩序を与えて神の王国を再び確立する救い主の到来が待ち望まれていた。

いずれの反応も、各々に異なった仕方において、国家や政治的権威や権威的組織に何の価値も見出していなかったのだ。

2. イエス

これまで、イエスの誕生に至るまでの一般的な状況を述べてきた。イエスに関してマタイによる福音書が記録している最初の出来事は興味深い。ヘロデ大王は依然として権力をふるっていた。彼は、一人の子がベツレヘムで生まれ、その子がイスラエルの救い主になるという噂が流れていたことを知っていた。彼はこれが自分におよぼす悪影響を直ちに察し、ベツレヘムとその近隣の二歳以下の子どもをすべて殺すようにと命じた。この記録が正確かどうかは、ここでの目的にとっては問題でない。重要なのは私たちがこの物語を知っているということ、すなわちそれが人々の間で広まり、最初のキリスト者たちに受け入れられ（かれらがユダヤ人だったことを忘れてはならない)、かれらが神の霊感を受けたとみなすテキストのなかに編入されたということである。このことは、ヘロデとその背後の権力についてかれらがどういう見解を持っていたかを示している。これが、幼子イエスと政治権力の最初の接触だった。それが政治権力に対するイエスの後の態度に影響を与えたとは言わないが、彼の幼少期に影を落としたのはたしかだ。

記録されている一連の事件からここで指摘したいのは、イエスが権力の敵だったということではなく、彼が権力を軽蔑しており、権力にいかなる権威も認めなかったという点だ。あらゆる形で彼は権力に徹底的に異議を唱えたが、それを破壊するために暴力は用いなかった。近年、人々はイエスがローマ人たちを追い出そうとしたと考えており、そうしたゲリラとしてのイエスがしばしば語られるが、ここには二つの誤りがあるように思われる。たとえばカルドネル[4]は、宮清めと二振りの剣をイエスが要請したという記事から弟子たちは武装していたと結論するが、そのようなゲリラのイエスという考え方を支持するものは何もない。ただ一つの事実が、このような説がいかに成り立たないかを示している。弟子たちのなかには暴力を支持する熱心党員(シモンとユダ)がいたが、ローマ人の協力者(マタイ)もいて、その二つの集団は互いにうまくやっていたのだ。イエスは決して暴力を礼賛しなかった。もし彼がゲリラの頭なら、少なくとも言えるのは彼は愚かだったということだ。彼の旅、特にエルサレムへの最後の旅は何ら戦術的な色合いがなく、ただ必然的に逮捕されるだけだったからである。

もう一つのいっそう知れわたった誤解は、総じてユダヤ人は侵略者ローマ人を追放することしか頭になかったというものだ。異邦人に対する憎悪と侵略者を追放しようという願望があったことは間違いない。ローマ人による虐殺は絶えず記憶されていた。しかし、それだけではない。加えて愛国的ユダヤ人が忘れられなかったのは、ユダヤの王がローマ人によって任命されており、その支持なしには権力を維持できないということだった。そうして、ローマ人に対する憎悪はヘロデ家を追放しようという願望と結びついたのだ。エッセネ派[5]などの敬虔な分派の間でさえ、この時代のいくつかのユダヤ黙示文学に見られるように、政治権力は持たないものの、この世の軍事的権力とは違った霊的権力を確立することでユダヤ民族に真の自由を与える、義の教師のような神秘的人物の到来を期待していた。これらの分派がアナキスト的希望を持っていたとまで言い切るつもりはないが、多くの文献はそのように示唆している。

イエスが公に伝道を始めたとき、福音書は彼が誘惑された逸話を伝えている。

悪魔は三度にわたり彼を誘惑する。この文脈で重要なのは、（マタイによる福音書における）最後の誘惑である。敵はイエスを高い山に連れていき、彼にこの世のすべての王国とその栄光を見せる。「もし、ひれ伏して私を拝むなら、これをすべて与えよう」（マタイ四章九節）。または、「この国々の一切の権力と繁栄とを与えよう。それは私に任されていて、これと思う人に与えることができるからだ。だから、もし私を拝むなら、すべてあなたのものになる」（ルカ四章六―七節）。繰り返すが、私の関心はこの記録の事実性や神学的問題にはない。作者らの見解と、かれらがここで表現する個人的な確信に関心があるのだ。

おそらく重要性を強調すべきは、二つの福音書は、先述した嫌悪に感化されたユダヤ人ではなく、ギリシャ起源のキリスト教共同体とともに書かれたのだろうという点だ。したがって、これらの箇所で言及されているのは単にヘロデの支配だけではなく、政治権力一般（「この世のすべての王国」）である。そして特筆すべきは、これらの箇所によれば、すべての権力、王国のすべての権力と栄光、政治と政治権力に関与するもの一切は、悪魔に属するということだ。それらはすべて悪魔に与えられたものであり、悪魔が思いのままに人に与えるものである。政治権力を持つ者は、それを悪魔から受け、悪魔に依存している（驚くべきことに、政治権力の妥当性に関する無数の神学論議のなかで、この箇所を引証した者は誰もいない!)。

この事実は、イエスが悪魔の申し出を拒絶したことと同じく重要だ。イエスは悪魔に、「それは真実ではない。あなたには王国と国家を支配する権力などない」とは語っていない。彼は悪魔の主張に反論していない。イエスが権力の譲渡を拒絶するのは、悪魔が彼に、自分の前にひれ伏して礼拝することを要求するからである。ここが肝心な点で、そのときにイエスは、「あなたの神である主を拝み、ただ主に仕えよ」(マタイ四章一〇節)と語る。したがって、このように言えるだろう。イエスに直接従った人にとっても、初期のキリスト者たちにとっても、政治的権威——私たちが国家と呼ぶ——は、悪魔と、悪魔からそれを授かって保持している者とに属するものだった。イエスの裁判について検討する際には、このことを覚えておく必要がある。

さらに疑問なのは、なぜここで悪魔に言及するのかということだ。悪魔(ディアボロス)とは、語源上は「分裂を引き起こすもの」(人間ではない)を意味する。そして、国家や政治は分裂の主たる理由である。これが、悪魔への言及における要点だ。ここでは、原始的で単純な悪魔像やでたらめな呼称が持ち出されているわけではない。そこには、決して宗教的なものではなく、経験と考察に照らした判断がある。もちろんこの判断は、ハスモン家とヘロデ王朝が人々の間に引き起こしたおぞましい分裂や、それに続く反乱や市民の衝突にも促されたものだった。初期のキリスト者はいかなるものであれ政治権力に全面的に敵対し、どのような傾向や法的構造を持っていようともそれを悪とみなしていたのだ。

さて、イエス自身の言葉を記録した聖書箇所がある。釈義家が最も真正なものとみなすその言葉は、初期のキリスト者たちの解釈ではなく、イエス自身の立場を示している（これが初期のキリスト教的解釈の源泉だったことは明らかだ）。主として五つの言葉があげられる。

当然、第一のものはイエスの有名な言葉、「皇帝のものは皇帝に返しなさい」である。この物語を少し思い返してみよう（マルコ一二章一三節以下）。そこでは、イエスの敵が彼を罠にかけようとしており、ヘロデ派の人々が質問する。イエスの知恵を賞賛した後で、かれらは税金を皇帝に納めるべきかどうかと尋ねた。「税金を皇帝に納めるのは、律法にかなっているのですか、かなっていないのですか。納めるべきですか、納めてはならないのですか」。質問自体は明快なものだ。この箇所が語る通り、かれらはイエス自身の言葉を利用してイエスを陥れようとしていた。かれらがこの質問をしたのは、すでにそうしたことが議論されていたからだ。イエスは皇帝に敵対していると噂されていたのだ。もし質問がイエスをローマ人に訴えるためのものだったとすれば、イエスが人々に税金を払うなと言っていたことは、すでに知れわたっていたに違いない。イエスはいつものように皮肉な応答をして、罠を回避する。「私に銀貨を持ってきて見せなさい」。そして、イエス自身がこう質問する。「これは誰の肖像か」。それは明らかにローマの貨幣だった。ローマ人による統治の効果的手段の一つは、帝国中に自分たちの貨幣を流通させることだったのだ。これが基本の通貨となり、これを基準に他のすべての物の価値が定められる。ヘロデ派はイエスに答えた。「皇帝のものです」。ここでは、ローマ世界では物につけられた個人の印は所有主を示したことを思い出したい。一九世紀アメリカ西部で、牛に焼き印が押されたのと同じことだ。その印は、所有主を判定する唯一の手段だった。ローマ帝国の複合的な構造のなかで、これはすべての財物に適用された。人々は皆、封印であれ、印章であれ、サインであれ、自分の印を持っていた。この硬貨の皇帝の顔は、装飾や名誉の印以上のものだった。その刻印は、帝国で流通しているすべての貨幣が皇帝のものであることを示した。これは非常に重要なことだった。硬貨を持つ者は非常に不安定な所有者であって、決して真の意味で銅貨や銀貨を所有してはいなかった。皇帝が死ぬときには、決まって硬貨の像が変えられた。皇帝が唯一の独占的所有者だったのだ。それで、イエスはとても単純な回答をした。「皇帝のものは皇帝に返しなさい」。硬貨には皇帝の像があり、その硬貨は彼のものなのだから、求められるときには彼に返しなさい、と。

こう答えたからといって、イエスは税金が正当なものだとは言っていない。彼はローマ人に対する従順を勧めているのではない。ただ単に物証を認めるだけである。しかし、実際に何が皇帝に属するのか。イエスは優れた例を出し、この点をはっきりさせる。この印を持っているものはどれも皇帝に属する。ここに彼の権力の基盤と限界がある。しかし、この印はどこにあるのか。硬貨、公共の記念碑、祭壇などであり、それだけである。皇帝に返しなさい。あなたは税金を払ってもよい。そうすることは、何ら重要でも有意義でもない。すべての貨幣は皇帝に属し、もし望むなら彼はそれを没収することさえできるのだから。税金を払う、払わないは、ここでは根本的な問題ではない。それは真に政治的な問題でもない。

他方、皇帝の印のないものは、何であれ彼に属さない。それらはすべて神に属する。[6] ここで真の良心的拒否が起こる。何であれ残ったものについては、皇帝は何の権利もない。まず、私たちは生命を有しているが、皇帝はその生死に関する権利を持たない。皇帝には、人々を戦争に巻き込む権利もない。国を荒廃、滅亡させる権利もない。皇帝の支配権は極めて限られている。私たちは神の名において、その僭越な権威のほとんどに反対できるのだ。そうしてイエスはヘロデ派に異議を唱える。かれらはイエスの言うことに反論できない。かれらもまたユダヤ人だったし、聖書箇所によれば質問をした人々にはヘロデ派もファリサイ派もいたというから、なかには敬虔なユダヤ人もいたはずだ。そのため、残りはすべて神のものであるというイエスの言葉にかれらは反対できなかった。同時にイエスは、イスラエルの解放闘争を政治闘争に転換しようとしていた熱心党員たちにも間接的に応答していた。イエスはかれらに、闘争の基盤のみならず限界をも想起させたのである。

政治的権威に関するイエスの第二の言葉は、驚くような議論のなかで現れる。弟子たちはイエスとともにエルサレムまで同行したが、なかにはそこでイエスが権力を獲得すると考えていた者もいたようだ。かれらは、イエスが王座に着くとき誰が最も近くにいるかを論じていた（マタイ二〇章二〇―二五節）。ゼベダイの妻は自分の二人の息子、ヤコブとヨハネを連れてきて（イエスはかれらをよく知っていたのに！）、イエスの王国で一人はイエスの右に、もう一人はイエスの左に座れるように命じてくださいとイエスにはっきりと頼んだ。ここでまたも見受けられるのは、イエスは自らに対して無理解な一般の風潮を生きていたということだ。というのも、イエスは、自分がエルサレムで暴力的に殺されることを知っていると弟子たちに語ったばかりなのだから。そのため、イエスは弟子たちにまず、あなたたちは何も理解していないと告げた。ここで重要なのは、彼の次の結論である。「あなたたちも知っているように、異邦人の国では支配者が人々を支配し、地位の高い者が人々を隷属させている。しかし、あなたたちの間では、そうであってはならない。あなたたちのなかで偉くなりたい者は誰でも、仕える者になりなさい」。イエスが何の例外も留保もなく語っている点に留意してほしい。あまねく国の支配者は――いかなる国家や政治的支配体制であれ――その民を支配している。専制政治なくして政治権力は成り立たない。このことは、イエスにとって明白で確実だ。支配者や偉大な指導者が存在している時点で、良い政治権力などありえない。ここでは再び権力が問題にされている。権力は堕落する。先に引用した伝道者の書の一節がこだまするのが聞こえてくる。同時に留意しておきたいのだが、イエスは、反乱や、王や指導者との具体的な紛争を勧めているわけではない。彼は問いを転倒させ、しばしばするように「しかし、あなたたちの間では、そうであってはならない」と対話の相手に投げかける。つまり、王と戦うことに拘泥してはならない。そのまま放っておきなさい。そのようなことに興味を持たず、権力、権威、階級のない周縁的（マージナル）な社会を建て上げなさい。[7] 社会で通常行われている通りのやり方ではいけない。それらは変えようもないものなのだから。別の基盤に立って別の社会を創造せよということである。

このような態度を脱政治化と呼んで、非難することもできるかもしれない。後に見るように、これは事実イエスの全般的な態度である。しかし、注目すべきは、これが脱社会化ではないということなのだ。イエスは、社会を離れて砂漠に行けとは勧めていない。彼が勧めているのは、社会に留まり、そのなかに別の規則と別の法に基づく共同体を建て上げるべきだということである。この勧めは、権力というものを変革することはできないという確信に基づいている。そして、教会が政治の分野に介入し策を弄しはじめたとき、教会に何が起こったかを考えれば、これはある意味で預言的である。教会は、権力と関係したこと、そして自らの権威を作り出したことで瞬く間に堕落した。もちろん、政治権力の外で独立した共同体を建て上げることはイエスの時代には比較的容易だったが、今日ではもはや不可能だと正しくも反対する人がいるかもしれない。この反論はもっともだが、常に他者を征服し、人々に権力を行使する手段である政治に関与してもよいと納得するには十分ではない。

提示しておきたい第三の言葉はまたも税金に関するものであり、そこで示される問いもすでに見てきたものとほとんど同じである。マタイによる福音書一七章二四節以下にはこうある。「〔イエスとその弟子たち〕一行がカファルナウムに来たとき、神殿税を集める人々がペトロに言った。『あなたたちの先生は神殿税を納めないのか』。ペトロは、『納めます』と答えた。そして、彼が家のなかに入ると、イエスは彼に言った。『シモン[6]、あなたはどう思うか。地上の王は、貢ぎ物や税を誰から取り立てるのか。自分の子どもたちからか、それとも他の人々からか』。ペトロが『他の人々からです』と答えると、イエスは言った。『では、子どもたちは納めなくてよい。しかし、かれらをつまずかせないように、湖に行って釣りをしなさい。最初に釣れた魚を取ってその口を開けると、銀貨が一枚見つかるだろう。それを、私とあなた自身の分としてかれらに与えなさい』」。

長きにわたってこの「奇跡」に注目が集められてきたのはもっともだ。イエスは魔術師のように硬貨を作り出した！　しかし、この奇跡の真の重要性はそうしたところにはない。逆に覚えておくべきなのは、イエスの奇跡が単なる驚異の出来事とは多分に異質なものだということだ。彼は愛と憐れみから癒しの奇跡を行う。また、人々を助けるために類稀な奇跡（たとえば嵐を静めるなど）を行う。人を驚かせたり、自分の力を証明したり、彼が神の子であると信じさせたりするために、奇跡を行うことは決してない。またイエスは、奇跡を要求されても断っている。もし人々が「こういう奇跡をしてくれたら、私たちはあなたを信じよう」と言っても、絶対に断るのだ（このようなわけで、信仰は奇跡とは結びつかないのだ！）。したがって、ここで見られるような奇跡はそれ自体では思いもよらないものだ。それでは、その趣旨は何か。

イエスはまず、自分には税金を納める義務はないと述べる。この税金とは、神殿税のことだ。しかし、これは単に祭司の必要のためのものではなかった。それはまた、ヘロデ王によって課せられていた。つまり、宗教的目的のために課せられていたが、部分的には支配者によって吸い上げられていた。イエスは自分が子である——単にユダヤ人なのではなく、神の子だということだ——と主張する。したがって、彼にこの宗教的な税を納める義務がないことは明らかだ。しかし、そのような些事でつまずきを与えること——税を取り立てる無力な民につまずきを与えること——はよくない。イエスは地位の低い人々[7]をつまずかせたくないのだ。こうして、彼は問題を馬鹿げた事柄にすり替える。これがこの奇跡の趣旨だ。税を課す権力は馬鹿げたものであって、それゆえいかに取るに足らないものであるかを示すため、彼は滑稽な奇跡を行う。その奇跡は、イエスが王や神殿の権威者たちなどに対して完全に無関心だったことを示している。釣りをしなさい。どんな魚でもかまわない。そうすれば、その口に銀貨が見つかるはずだ。ここにはまたも、イエス特有の姿勢が見出される。彼は政治的・宗教的権力の価値を貶めている。馬鹿げた方法でも取らない限りは、それに従う価値はないことを明らかにしているのだ。これは明らかに当時だからこそ可能なことであって、現在は不可能だと反論されるかもしれない。しかし当時も、このような小さな行為が蓄積されて権力側はイエスに敵対し、十字架刑に至ったのだ。

イエスの第四の言葉は、政治権力よりもむしろ暴力に関するものだ。「剣を取る者は皆、剣で滅びるだろう」(マタイ二六章五二節)はよく知られた言葉だが、その前文は理解が困難である。ルカによれば、イエスは驚いたことに、自分の弟子たちに剣を買うようにと言っている。すると、かれらは剣を二振り持っていたのだが、イエスはそれで十分と言うのだ! さらに、続くイエスの言葉は、その驚くべき言明をある程度は説明してくれている。「私は犯罪人の列に加えられるという預言が、必ず成就されなければならない」（ルカ二二章三六―三七節）。たった二振りの剣で戦うという考えは、馬鹿げている。しかしながら、二振りの剣は、イエスが犯罪人の頭であると告発するには十分である。ここでも注意すべきは、イエスが自覚的に預言を成就しているということだ。そうでないと、イエスのこの言葉は要領を得ないものになってしまう。

さて、そうだとして、イエスの逮捕のときに語られたあの的確な言葉を取り上げよう。ペトロは自分の師を守ろうとして、守衛の一人に怪我を負わせた。あの有名な言葉は、イエスが彼を制止する際に発されたものだ。それは、暴力に基づく一切に対する絶対的な裁きである。暴力はさらなる暴力を引き起こすだけなのだ。重要なのは、その言葉が黙示録一三章一〇節で繰り返されていることだ。ここで新たに特筆すべき要素は、黙示録のこの節は、海から上ってくる獣を指しているということだ。私は別の所で、この獣は政治権力一般とそれが行使される種々の形態を表していることを示そうとした。[8] 地から上ってくる獣とは、今日プロパガンダと呼ばれるものに等しい。したがって、〔海から上ってくる〕最初の獣は、人権を尊重せずに暴力によってすべてを支配する国家である。黙示録の著者はこの国家に対して真正面から、「剣で殺す者は誰でも、剣で殺される」と述べている。もちろん、その意味は両義的だ。一方で、ここでは絶望の叫びが聞こえてくるかもしれない。幾世紀にもわたる歴史が示しているように、国家は剣を用いるために、剣で滅ぼされる。しかし、この言葉をキリスト者に対する命令とみなすこともできる。国家と剣で戦ってはならない。もし剣で戦うなら、あなたがたも剣で殺されるだろう、と。それゆえ、私たちは再び非暴力へと導かれるのだ。

イエスの裁判は、この文脈で考察すべき最後の出来事だ。彼は二度、裁判にかけられている。一度目は最高議会において、二度目はピラトによってである。イエスの態度を検討する前に、まずは予備的な問いについて考察しなければならない。カール・バルトを含むほとんどの神学者は、次のように考える。イエスはピラトの裁判に出廷することに同意しており、権威に対して敬意を示し、判決に反抗しなかった。これはイエスが裁判を合法的なものとみなしていたことの証左なのだ、と。したがって、ここからは国家権力の根拠を得られることになる。この解釈には驚くほかない。私は、この出来事をまったく逆に読むからである。

ピラトはローマの権力を代表し、ローマ法を適用する。ここでは、いかなる文明もかつてここまでよく練られた法を作り出したことがないし、裁判、論争、紛争でこれほど正しい結審をなしえなかったことを認めておこう。このことは皮肉抜きに言っておきたい。私は二〇年にわたりローマ法を教えてきて、そのあらゆる微細な表現と、何が正しいことかを言わんとする法律家の技量を掘り当ててきた。法律家たちは、法を善と公平さの技術と定義していた。そして、数百の具体的な判例からは、かれらは実際に正義が行われていることがわかるような結審をしていることが確証できる。第一、ローマ人はしばしば描かれているような残虐な戦士や征服者ではない。かれらの主な業績はローマ法にある。実のところ誰も考慮していない細かい問題としては、かれらの軍隊は厳密には決して大きくなかったということがある。数千人からなる軍団をせいぜい一二〇ほど持っていた程度だ。そして、これらのほとんどは、帝国の国境付近に配置されていた。反乱が起こったときだけ、軍団は内地へ戻った。帝国の秩序は軍事的な秩序ではなかった。行政的手腕によって、また巧みで申し分のない法的手段に下支えされた均衡感覚によって、ローマ帝国は五世紀も永続したのである。裁判記録が何を語っているかを評価するときは、このことを覚えておく必要がある。

ローマ人が自らの誇りとし、最も正当な解決法だとしていたローマ法によって、イエスの場合には何が解決されたのか。それはただローマの代理人が群衆に屈服することを許し、妥当な理由なしに（ピラト自身が認識していたように！）一人の無実の人を死刑に定めさせるだけだった。これが、優れた法体系なるものから期待できることなのだ！　イエスが裁判に服したという事実はこの場合、政府の権威の正統性を承認することにはならない。それは反対に、正義と謳われていたものの根本的な不正を暴露している。このイエスの裁判に照らしてみれば、ローマ人によって死に定められ十字架刑に処された者は皆無罪なのだと言われるのは、このことが感知されているからだ。こうして、すべての権威は不正であるという聖書記者の確信がここに再び見出される。伝道者の書三章一六節の「裁きのために建てられた場に、悪が常に確立している」という言葉がこだまするのが聞こえてくる。(9)

さて、裁判中のイエスの言葉と姿勢を見てみよう。四つの福音書には違いが見られる。イエスの語った言葉は厳密には同じではなく、同じ人々の前で語られたのでもない（あるときは最高議会で、あるときはヘロデの前で、そしてまたあるときにはカイアファの前で語られた）。しかし、沈黙、権威の糾弾、意図的な挑発、いずれの形式を取ろうがイエスの姿勢は常に同じである。イエスには論争や言い逃れをするつもりはなく、これらの権威が真の権力を持っていることを認める気もなかったのは明らかだ。彼の態度の三つの側面を順に取り上げよう。

第一に、沈黙である。祭司長や全最高議会の前でイエスは沈黙を守っていた。かれらはイエスに不利な証拠を探していたが一つも見つからず、ついに二人の人が「イエスは神殿を破壊すると語った」と報告したことは、全部の記事に共通している（マタイ二六章五九－六一節）。イエスは何も答えなかった。当局は驚き、彼に弁明するように命じたが、イエスは黙っていた。同じことがヘロデの前でも起こった（ルカ二三章六節以下にのみ記録されている）。ヘロデはイエスと話したかったので、彼を連れてこさせた。しかし、イエスは何も質問に答えなかった。ピラトの前でもイエスは同様の態度を取ったと、マタイとマルコは伝えている。ピラトはイエスを断罪できる立場にあったが否定的な感情を持ってはいなかったという事実を考慮するなら、これはいっそう驚くべきことだ。大勢の人々がピラトの前でイエスを訴え、大祭司たちが多くの罪状を示したので、ピラトはイエスに答えはないのかと尋ねたが、イエスはそれに応じなかった（マタイ二七章一一節以下）。イエスが取るのは、あらゆる宗教的・政治的権威に対する全面的な拒絶と侮蔑の姿勢である。イエスはこれらの権威を決して正当だとはみなさず、したがって自己弁護は完全に無意味だと考えていたようだ。別の観点から見ると、彼は時に侮辱的な態度を取り、軽蔑や皮肉を示した。そして、彼はユダヤ人の王なのかと尋ねられたとき、三つの並行記事のうちの二つによると、「それは、あなたの言ったことだ」という皮肉な返答をした（マルコ一五章二節、マタイ二七章一一節）。イエス自身はこの点に関して内容のある返答をしなかったので、かれらは好きなように言うことができたのだ！

第二に、イエスの姿勢は権威への糾弾を伴っている。それで、彼は大祭司にこう言った。「私は毎日、神殿で一緒にいたが、あなたたちは私に手を下さなかった。しかし、いまやあなたたちは強盗にでも向かうように、剣を持ってやってきた。見よ、あなたたちの時が来た。闇が力を振るっている」（ルカ二二章五二―五三節）。つまり彼は、大祭司は悪の力に属するとはっきりと糾弾したのだ。ヨハネも同様の挿話を記録しているが（ヨハネ一八章二〇―二一節）、半分は皮肉、もう半分は糾弾の言葉という異なった応答がされている。大祭司アンナスがイエスにその教えについて尋ねると、「私は世に向かって公然と話した。なぜ、あなたは私に尋ねるのか。私の話を聞いた人々に尋ねなさい。かれらは私の言ったことを知っている」と答えた。下役の一人が、このような無礼な返答をしたイエスを打ったとき、イエスは彼に言った。「もし私が悪いことを言ったのなら、それを証明しなさい。しかし、もし私が正しいことを言ったのなら、なぜあなたは私を打つのか」。ヨハネによる福音書一九章一〇－一一節にはもう一例、イエスを非難する同じ場面に曖昧な一文がある。ピラトはイエスに言った。「あなたは私に答えないのか。あなたを釈放する権限も、十字架にかける権限も、私にあることを知らないのか」。すると、イエスは答えた。「もし、上からあなたに与えられなかったのなら、あなたは私に対して何の権限もなかっただろう。したがって、私をあなたに引き渡した者の罪はあなたよりも重い」。

有名な「上から」という言葉は、さまざまに解釈されてきた。政治権力が神に由来するものだと考える者は、そこにその確証を見出す。ピラトの権限は神によるものだとイエスが認めているというわけだ！　しかし、この場合、イエスの返答の後半部分が何を意味しているのかを説明してもらいたい。もしイエスが神に由来する権威に引き渡されたのなら、どうしてイエスを引き渡した者の罪は重いと言えるのか。第二の解釈は純粋に歴史的なものだ。イエスがピラトに、その権力は皇帝から与えられていると言っているというのだ。しかし、この見解はまったく意味をなさないと言うほかない。イエスがピラトに、ピラトは皇帝に依存していると述べたところで一体何になるのか。この見解とかれらの会話が、どうつながるのか。最後に、ほとんど提唱されていないが私自身の支持する解釈を示そう。イエスはピラトに、その権力は悪霊から来ていると言っているのである。この見解こそ、先に悪魔の誘惑について語ったこと——この世のあらゆる権力と王国は悪魔に依存している——と一致する。また、それは先に引用した大祭司へのイエスの返答、つまり、闇の力が彼の裁判で働いているということとも一致する。

イエスの言葉の後半部は、これで容易に説明できる。イエスは、ピラトはその権力を悪霊から受けているが、イエスをピラトに、したがってその悪霊に引きわたした者はさらに罪が重いと言っているのだ。それ以外にない！　では、裁判でのイエスの姿勢をめぐる口頭伝承を紛れもなく再現しており、その正確な言葉を記録していると思しきこれらの箇所が、初期のキリスト者の一般的な見解を形成しているというのが事実だとしよう。なぜ、聖書記者たちは、ピラトは自分の権力を悪霊から受けていると明解に述べなかったのか。なぜ、これほど曖昧な記録をしたのか。ことは簡単で、以下のことを忘れてはならない。福音書が書かれたときはキリスト者が疑いの目で見られており、箇所によってはその意味が明確にならないように暗号で書かれていたのだ！

第三に、イエスの側には挑発が見られる。それで、大祭司がお前は救い主、神の子なのかと尋ねたとき、イエスは答えた。「それは、あなたの言ったことだ」。

そして彼はこう付け加えている。「これから、あなたたちは人の子が全能の神の右に座り、天の雲に乗って来るのを見る」（マタイ二六章六四節）[10]。それは、当時の神学的教説全般を嘲笑するような言葉だった。イエスは自分がキリストであるとか、自分が全能の神の右に座るとは語らなかった。「私が」とは言わず、「人の子が」と言ったのだ。イエス自身は、自分は救い主（メシア）であるとか神の子であるなどとは決して言わなかった。そのことは、聖書にあまり親しんでいない人のために指摘しておかなければならない。彼は常に自らを人の子（すなわち真の人ということだ）と呼んだ。彼は明らかに大祭司をからかって、「これから」と言ったのだ。それはつまり、あなたが私を罪に定めるときからである（マルコによる福音書にも同様の返答が見られる。それはイエス自身によって語られ、初期のキリスト者たちに伝えられていったようだ）。

　同様の挑発は、ヨハネによる福音書一八章三四節以下にも記録されている。今度はピラトの前である。しばしばするように、イエスはピラトを困惑させようとしていた。ピラトがイエスに、「お前はユダヤ人の王なのか」と聞いたとき（三三節）、イエスは「あなたは自分の考えでそう言うのか。または、他の人があなたにそう言ったのか」と返答した。ピラトは、自分はユダヤ人ではなく、知っているのはただユダヤの権力者がイエスを自分に引き渡したということだけだと答えた。そして、質問を繰り返した。すると、イエスは曖昧な答えをした。「私の王国は、この世のものではない（ゆえに、私は皇帝とは競合してなどいない！）。もし、私の王国がこの世のものなら、私がユダヤ人に引き渡されないように、仲間たちが戦っただろう」。ピラトはこれらの言葉の細かい意味を無視して、「それでは、お前は王なのか」と迫った（ピラトがイエスを告発できた唯一の理由がこれだ）。イエスは私たちがすでに見たように、「それは、あなたの言ったことだ（私自身は、このことについて何も言うことはない）」と答えた。そして、「私は真理を証しするために生まれ、この世に来た。真理に属する人は皆、私の言葉を理解する」と付け加えた。ピラトは最後の質問をした。「真理とは何か」。イエスは答えなかった。ピラトに与える教えなどなかったからである。ある種の根底的な嘲弄、権威への公然たる反抗や挑発がまたしても見られる。イエスは、ピラトが理解できないような仕方で返答したのだ。

イエスと政治的・宗教的権威との直接対決について語るこうした一連の長い記録を通して見出されるのは、皮肉、侮蔑、非協力、無関心、そして時として糾弾である。イエスはゲリラではなかった。「本質的に」論争家だったのである。

3. ヨハネの黙示録

ここで、権力に対する初期キリスト者の態度がどんなものだったのかを見てみたい。黙示録から始めよう[11]。これは最も激烈な書の一つであり、イエスの言葉に優れて厳格な仕方で従っている。ローマを視野に入れているのは明らかだが、単にユダヤにおけるローマ人の存在だけではなく、ローマ自体の中央集権的帝国権力が問題とされている。この書全体を通して、神の主権とこの世の権力や支配との根本的対立が見られる。この書は、神の力とこの世の権力との間に連続性を見出す者たちや、唯一のこの世の権力は、天における唯一全能の神の統治に対応すると論じる君主制のもとにある者たちが、いかに間違っているかを示している。

黙示録が教えるのはその正反対のことであり、この書全体で、政治権力への異議が唱えられているのだ。

まず、二つの大きな象徴について述べよう。最初のものは、二頭の獣である。そこでは、自分たちの時代の政治権力を獣として描いた後期の預言者の主題が取り上げられている。最初の獣は海から上ってくる。これはおそらくローマを示しており、その軍隊は海から来る。獣は、竜から与えられた王冠をかぶっている(一二、一三章)。神に敵対する竜はすべての権威を獣に与え、人々はそれを拝み、誰がこの獣と戦えるだろうかと問う。獣には、「あらゆる種族、民族、言葉の違う民、国民に対する権威と権力」が与えられる(一三章七節)。すべて地に住む人はその獣を拝む。思うに、政治権力のここまではっきりした描写はほとんど類を見ない。権威を有し、軍事力を支配して、崇拝(すなわち絶対服従)を強要するのは、まさにそうした権力なのだから。この獣は竜によって造られている。したがって、私たちは前述した政治権力と悪魔(ディアボロス)の間にあるのと同様の関係を見出す。獣は国家であるという見解の確証は、その啓示の終わりに(一八章)、大バビロン(つまりはローマである)が滅ぼされるという事実に求められる。獣はこの世のすべての王を統一し、神と戦う。そして、獣らのうちでも主たるものがまず滅ぼされて後、最終的に粉砕され、断罪される。

第二の獣は地から上ってくる。専門家からは論難されるが、この獣について私の支持する解釈は以下の通りだ。この箇所では、次のように記されている。「この獣は、地に住む人々に最初の獣を拝ませる。……さらに地に住む人々を惑わし、最初の獣の像を造るように命じる。……それは、獣の像に息を吹き込み、ものを言うことができるようにする。……小さな者にも大きな者にも、富める者にも貧しい者にも、自由な身分の者にも奴隷にも、すべての者にその右手か額に刻印を押させる。そこで、獣のこの刻印がなければ、誰も売り買いができない」（一三章一二―一七節）。私見では、ここには警察と連携した国家のプロパガンダの的確な描写が見出される。獣は人々に、国家に従いそれを礼拝するように唆す言葉を語り、社会で生きることを許可する印を与え、第一の獣に従わない者を最終的に死に追いやる。

論点は明確だろう。ローマのプロパガンダの主たる手段の一つは、祭壇や神殿などを備えたローマ皇帝崇拝を確立することだった。この時代のユダヤ人の王たちは、これを受け入れた。それで、この箇所は地から上ってくる獣について語っているのだ。近東諸地域の地方当局は、このローマ皇帝崇拝の最も熱心な推進者だった。獣に対する自発的な従順を実現するために、知性や信頼に作用する一種の権力が働いていたのである。しかし、この箇所を著したユダヤ人にとって、国家とそのプロパガンダは悪に由来する二つの権力だったということを忘れてはならない。

第二の、そして最後の象徴は、一八章における大バビロンの滅亡である。バビロンはローマを指しているというのは広く一致した見解だが、この箇所でローマは最高の政治権力に等しいこともやはり明らかだ。すべての国民は、悪徳をもたらす怒りのぶどう酒を飲んだ。まず見られる特徴は、悪に満ちた怒りや暴力である。地上の王たちは皆不義に陥った。地上の王たちが政治権力と寝たことで、政治権力は絶頂に達している。商人はバビロンの豪勢な権力によって富を築いた。国家は富を集中させるための手段であり、その顧客を富ませる。今日の私たちは、公共事業や軍事産業という形態で同様のことを見ている。政治権力は貨幣の権力と同盟を組む。バビロンが滅亡するとき、地上のすべての王は嘆き絶望し、資本家は涙を流す。ローマで売買された商品の長いリストが記されているが、興味深いのは、その終わりでは大バビロンが人間の身体と魂を売買していたのが見られる点だ。もし身体だけに言及されていたら、想起されるのは奴隷だろう。しかし、魂についてより全般的に言及されている。ここでは奴隷貿易が問題なのではない。論点は、政治的権威が人間に対する全権力を掌握していることにある。約束されているのは、政府、つまりローマの完膚なき滅亡である。決してローマだけではない、あらゆる形態の権力と支配の滅亡である。これらは、とりわけ神の敵として述べられている。神は政治権力を裁き、それを大淫婦と呼ぶ。それには正義も真理も善も期待できない。ただ滅亡あるのみである。

ここでは、ローマの植民地化政策に対するイエスの抵抗とは大きな違いがあることに気づくだろう。キリスト者が増え、キリスト教思想が発展するにつれて、政治権力に対する見解が確立されていった。この聖書箇所をもっぱらローマに対抗するものとみなすのは矮小化だ。政治権力についての見解が確立されたのは、キリスト教への迫害が開始されたことに由来すると思われる。聖書のテキストがその証拠を示している。大淫婦は、「聖人の血とイエスを証しした者の血で酔っていた」。「預言者と聖人の血、地上で殺されたすべての者の血が、この大きな都で流されたからである」(一八章二四節。もちろん、これは初期のキリスト者だけではなく、すべての義人の殺害について語られた箇所である)。二〇章四節で特筆すべきは、キリスト者としての忠誠のゆえに殺された者は首をはねられたということだ。かれらは闘技場で殺され、ライオンの餌食などになったのではない。権力はキリスト者だけではなく、あらゆる義人を殺害する。こうした経験は紛れもなく、政治権力は断罪されなければならないという確信を強めるものだった。初期のキリスト者の間では、全般的に取るべき立場は他になかったと思われる。この時代のキリスト教は、全面的に国家に敵対していたのである。

4. ペトロの手紙一

パウロについて検討する前に、〔初期キリスト教の〕後期の書簡であるペトロの手紙一における、二章一三節以下の奇妙な箇所を見ておかねばならない。そこでは、「最高権威としての王に服従しなさい」とか「王を敬いなさい」と命じられている。奇妙なことに、この節が注解者たちに支障を来したことはなかった。かれらによると、ことは至って単純だ。王とはローマ皇帝のことである、ただそれに尽きる。したがって、それに依拠して、政治権力に対するキリスト者の従順と服従が説かれる。興味深いことに、引照つきの聖書ではたいていの場合、皇帝(カエサル)のものは皇帝(カエサル)に返しなさいというイエスの言葉が参照されている。しかし実際のところ、こうした解説の仕方はいずれも、当時の政治制度に関する重大な無知を露呈しているのだ。

第一に、当時のローマ帝国の頭は元首(プリンケプス)である。これは、キリスト教の聖書本文が書かれた当時、皇帝に対して用いられた言葉だった。当時は歴史的に元首政(プリンキパトゥス)の時代として知られている。プリンケプスは決して王(ギリシャ語のバシレウス)とは呼ばれなかった。王という名称は、ローマでは正式には禁じられていた。ガイウス・ユリウス・カエサルは独裁君主制の回復を計画しているとの噂が流れ、そのために暗殺されたことを押さえておきたい。それは暗殺されるに足る理由だった。アウグストゥスは、こうしたことを決して匂わせないように注意していた。彼は非常に巧妙にふるまい、「執政官」「護民官」「最高司令官」(「命令権を与えられた者を意味する」インペラトルは「皇帝」と訳されるべきではない)という共和制下の称号を続々と担っていた。その後、彼は「大神官」の名称を用いて宗教的役割を果たしはじめた。これらはすべて、ローマの民主制における伝統的な名称だった。アウグストゥスは、内戦中に出てきた「例外的な」制度、たとえば三頭政治や終身執政職を廃止する処置も取り、独裁制を造り出すことに反対した。全権を掌握したうえで、彼はプリンケプス、市民の第一人者という称号で満足したのである。市民だけが主権を有しており、その権力（ポテスタス）がプリンケプスに委任されたのだが、この委任は正式な手続きを取った。軍事的政変を避けるために、アウグストゥスは全権を民主的投票によって元老院に割り当てた。そして、たとえば「国の父」「市民の守護者」といった、法的な内実を伴わない曖昧な称号をも受け入れた。また、元老院の第一人者（プリンケプス・セナトゥス）でもあった彼は、共和国の諸機関を整然と機能させる仕組みを復活させた。後継者たちはそこまで慎重ではなく、徐々に帝国を確立していったのだが、これは決して絶対的・全体主義的な意味においてではない。それで、かれらは決して「王」という名称を使わなかった。この名称に言及することや、自分たちをそう名づけることを明確に避けていた。そのため、ペトロの手紙一の著者が、この節で皇帝を念頭に置いていた可能性はほとんどない。

ここで、冒険的な提案をしてみたい。以下はまったくの仮説である。当時のローマにはいくつかの政党があった。一世紀に、ある奇妙な党がある包括的な哲学に基づいて活動していた。この哲学は次のようなものだった。世界の全帝国は循環的な生命を宿している。政治権力は生まれ、成長し、その最高点に達し、それから成長不能になり、必然的に衰え、解体の時期に入るのだ、と。これは既知のあらゆる帝国に、したがってローマにも当てはまるものだった。一世紀の多くの著作家たちは、ローマはすでにその権力の頂点に達していると考えていた。その統治はスペインからペルシャ、スコットランドからサハラ、またエジプトの南部にまでおよび、もうそれ以上拡張できなくなっていた。その結果、衰退が始まっていたのである。〔詩人〕ウェルギリウスや〔歴史家〕リウィウスの著作に見られるような栄光と心酔の時代の後に、それほど有名ではない他の著作家や哲学者の間に到来したのは暗黒の悲観主義の時代だった。ある帝国(たとえばエジプトやバビロニアやペルシャなど)が滅亡すると、すべからく代わって新たな帝国が興るということも付言しておかねばならない。おそらくこうしたことが、ローマの場合にも起こっていたのだろう。しかし、パルティア人は唯一ローマに征服されなかった敵集団であり、絶えず新たな領土へと侵攻していた。ローマの知識人、次いで支配階級の人々からなるある集団などは、ローマ帝国がパルティア帝国に取って代わられることを極めて真剣に想定していた。そのなかの一部の者たちが、歴史の流れに乗ってこうした考えを広め、ついにパルティア人を支持する奇妙な党を立ち上げたのだ。

さて、パルティア人はというと、一人の王によって支配されていた。そこで、こう考えることもできる。〔ペトロの手紙一で勧められる〕祈りは王に、すなわちパルティア人の王に捧げられたものだ。だが、それは禁じられた行為だったのだと。もちろん異議を唱える歴史家もいるが、もしこのことを認めるなら、ペトロの手紙一の言葉に新たな光が当てられる。当時、王の名のもとで皇帝を敬うことや、ローマの王のために祈ることなど、ありえないことだったのだ！　しかし、ペトロは二度、王に言及している。ではなぜ、ペトロはパルティア人の王のことを視野に入れた書き方をすべきではなかったかというと、そうするとその節は見るからに体制転覆的なものになってしまうからだ。しかし、この場合に念頭に置かれているのはもっぱらローマの政治権力で、国家という存在それ自体ではない。著者ペトロは別の権力を支持しているからである。それでもやはり、この節はキリスト者の一般的な姿勢と呼応している。受容や従順とはかけ離れたその姿勢は、次の三つに分類できるだろう。

第一に、軽蔑の姿勢である。それは全面的拒絶ではないにしても、政治権力の妥当性を認めない。

第二に、政治権力を全面的に拒絶する姿勢である。

第三に、ローマの権力を糾弾する姿勢である。ローマ軍によるエルサレムの占領、神殿の破壊、ユダヤ人政府の自律性の抑圧、戦中の数千人のユダヤ人の虐殺、そして最後に七〇年のエルサレムにおけるキリスト教会の弾圧。これらを経て、政治権力に対するキリスト者の嫌悪は、明確にローマに焦点を合わせるようになったのだ。

5. パウロ

ついにパウロの言葉に辿り着いた。パウロの言葉を文脈のなかで理解するために、まずは一般的なキリスト教の状況を見定める必要があったのだ。パウロの言葉も（また！）よく知られているが、引用しよう。まずはローマの信徒への手紙一三章一－七節である。「人は皆、上に立つ権威に従いなさい。神に由来しない権威はなく、存在する権威は神によって立てられています。したがって、権威に逆らう人は、神が定めた秩序に逆らい、逆らう人は自分自身に裁きを招くでしょう。統治者が恐ろしいのは、善行でなく悪行をなす場合に限ってです。統治者は神のしもべであり、あなたの善のためにいるのです。しかし、もし、あなたが悪を行えば、恐れなければなりません。統治者は無駄に剣を帯びているのではないからです。神のしもべとして、悪を行う人に報復して罰を与えます。したがって、単に罰を恐れるためではなく、良心のためにも従う必要があります。あなたが税金を払うのはこのためであり、統治者はもっぱらその働きに励む神のしもべです。すべての人に対して自分の義務を果たし、税金を納めるべき人に納め、貢を納めるべき人に納め、恐れるべき人を恐れ、敬うべき人を敬いなさい」。テトスへの手紙三章一節にはこうある。「支配者や権威者に服し、従い、いつでもあらゆる善い業を行うように、人々に思い起こさせなさい」。

聖書全体のなかで、従順や権威に従う義務を強調する箇所はこれだけである。たしかに、以下二つの他の箇所は、先述した主要な傾向に逆行する流れが当時のキリスト者の間にあったことを示している。ペトロの手紙二の二章一〇節では、「権威を侮る」者に対する裁きがあり、ユダの手紙八節では「夢想に引きずられて……権威を侮り、栄光ある者たちを罵る」人が裁かれる。しかしながら、強調すべきはこれらがとても曖昧な文言だということだ。かれらが視野に入れている権威とは何か？　すべての権威が神に属することを思い起こせと絶えず勧められていることを決して忘れてはならない。

最後に、テモテへの手紙一の二章一－二節が引用できるだろう。「そこで、私は勧めます。何よりもまず、祈りと願いと執り成しと感謝をすべての人々のために、王たちやすべての高官のためにも捧げなさい。それは、私たちが敬意と誠実さを万全に保ち、平和で落ち着いた生活を送るためです」。

パウロのこの言葉は、先に見てきたのとは異なった傾向を示しているように思える。私たちの次の課題は、まったく理解しがたい（もしくは、悲しいかな、あまりにも理解しやすい）問題を提示することにある。三世紀以降、ほとんどの神学者は私たちがここまで見てきたことをきれいさっぱり忘れ、もっぱらローマの信徒への手紙一三章におけるパウロの言葉に焦点を当て、権威への全面的服従を説いてきた。パウロの言葉の文脈を（私たちのようには）考慮せずに、そうしてきたのだ。かれらは、特に「すべての権力は神に由来する」という一文に固執した。この一文は、一六世紀の教会と国家の協力関係の主題だった。「人々を通して」という語を大胆にも追加する神学者もいたが、神に由来する権力に服従せよ――まるで権力そのものが神自身であるかのように――という重大な義務と比べれば、これは些末なことに過ぎなかった。

興味深いのは、往々にしてうろたえながらも専制君主と関わらねばならなかった神学者たちが、そのときどのようにふるまったかということだ。合法で正統で平和的な仕方で獲得され、道徳的で規則に則って行使される限りでは、権力は神に由来すると説明する、奇妙な詭弁が弄されてきた。しかし、〔権力が課す〕義務一般が疑問視されることはなかった。宗教改革のときですらも、ルターは農民戦争に際してこの箇所を利用し、反乱を鎮圧するように君主に要請した。カルヴァンについて言えば、教会を攻撃しない限り王は合法的だと主張した。権威がキリスト者にその宗教を自由に実践することを許している以上、権威を非難することはできないというのだ。思うに、ここには原初のキリスト教の見解に対する信じがたいほどの裏切りが見られる。この裏切りの源泉が、順応主義的な性向と服従しやすい心性にあることは間違いない。しかしながら、膨大な量の聖書箇所から得られる唯一の規則は、神に由来するものを除けば、権威は存在しないというものである。そこで、パウロの聖句をさらに詳細に検討しよう。

まず、どんな聖書本文も（そしてその他のいかなる文書も！）、ある節をその全体の思考過程から切り離してはならない。その節を全体的な文脈のなかに置かなければならないのだ。それでは、パウロの議論の全体像を見てみよう。ローマの信徒への手紙九―一一章でパウロは、ユダヤ人とキリスト者の関係について詳細に検討したところである。その後、新たな展開が一二—一四章で始まる。その核心に当たるのが、いまから考察しようとしている節だ。この長い議論は、「あなたたちはこの世に倣ってはなりません。むしろ、あなたたちの心を新たにして変えられなさい」（一二章二節）という言葉で始まる。そして、その全般的かつ本質的な命令とは、この世の順応主義者（コンフォーミスト）となってはならない、自らの住む社会の流行や習慣や思考の傾向に従ってはならない、そうした「形式（フォーム）」に従属せずに変革されなければならない、心を新たにすること——新たな出発点たる神の御心と愛から始動すること——によって、新たな形式（フォーム）を受けなければならないというものである。彼が後に政治権力に対する従順を要求することを考えるなら、これは明らかに奇妙な切り出しだ。パウロはそれから続けて、愛について詳しく説く。教会におけるキリスト者の間の愛（一二章三—八節）、すべての人に対する愛（一二章九—一三節）、敵に対する愛（迫害する者への復讐ではなく祝福）、さらに加えてすべての人と平和に暮らすことを勧める（一二章一四—二一節）。権威に関する節はこの次に来る。したがって命令の一切は、愛と、他者に悪を与えないことに集約される（一三章八—一〇節）。一四章では、愛の実践（親切、他者を裁かないこと、弱い人を助けることなど）について詳細に検討される。

これが、権威に関する節が現れる全体の枠組みや流れである。その節はこうした大きな文脈のなかで見ると奇妙で浮いているように思えるため、ある釈義家は、その節は挿入されたものに違いなく、パウロ自身が書いたものではないと考えているほどだ。しかし私には、この箇所はここにあってしかるべきであり、実際に使徒パウロに由来するものだと思われる。すでに見たように、愛は友人から見知らぬ人へ、また敵へと向けられていくべきものなのだが、権威に関する節はここで登場している。すなわち、私たちは敵を愛さなければならないのだから、愛するのではなくその秩序を受容することによって、権威にすらも敬意を払わなければならないというのだ。権威は神を通して権力を得ていることを覚えておかなければならない。その通り、狂気の悪王サウルは神を通して権力を得たことが思い出される。なるほどこれは、彼が善であり、義であり、愛すべき者だということを意味しない。この節の最高の注解者の一人であるアルフォンス・マイヨは、こうした見解に沿って、一三章を一二章の終わりに直に関連づけている。「悪に負かされることなく、善をもって悪に勝ちなさい。（したがって）人は皆、上に立つ権威に従うべきです」。言い換えれば、パウロが属しているのは国家、帝国の権力、権威にまずもって満場一致で敵対するキリスト教会なのであって、この箇所で彼はその敵意をこうして和らげているというわけだ。彼はキリスト者たちに、権威もまた人間（国家という抽象的な概念は存在していなかった）、かれら自身と同じ人間なのだから、権威のことも受け入れ敬わなければならないと想起させている。同時にパウロは、この勧告に大きな制限を設けている。彼がキリスト者たちに自分の義務を果たすように――税を納めるべき者に納め、貢ぎ物をすべき者に貢ぎ、恐れるべき者を恐れ、敬うべき者を敬うように――述べているのに際して、すべからく思い出されるのは税金に関するイエスの回答だ。イエスはいっそう大胆に、役人や権威に対して恐れたり敬ったりする必要はないと主張している。恐れるべきは神のみ、敬われるべきは神のみなのだ（本書の補論では、この節に関して二つのいっそう優れた注解を紹介しよう）。

三点ほど、まだ議論する必要がある。第一の点は難しいものではない。すでに見てきた、税の支払いに関するものだ。キリスト者は税の支払いを拒否してはならない。それだけである。

第二の点はより注目すべきものだ。私たちは権威のために祈らなければならない。パウロが王たちのために祈ることを求める節を引用したが、〔「王たち」という〕その複数形は、ペテロの手紙一のようにはこの箇所が解釈できないことを示している。つまり、権威の座にある者たちや政府のために祈る必要があるというのだ。この節は、私が先述したことを確証している。パウロは事実、万人に対して祈るべきだと述べている。王たちや高官たちも、これに含まれる。王たちや役人たちに対してさえ祈らなければならない。かれらを憎悪しても、なおかれらのために祈る必要がある。万人に神の愛があるようにと神に訴え、執り成しをすることにおいて、除外される者があってはならない。まったくおかしなことに思えるかもしれないが、ドイツ人のキリスト者たちは、ヒトラーに対する抵抗運動をし、その転覆まで謀っていたが、それでも依然として彼のために祈っていたことが知られている。[12] 政敵たちの絶対的な死を望むことなどできないのだ。もちろん、私たちの祈りはテ・デウムのようなものではなく、かれらが権力を持ち続け、勝利を収め、永らえることを祈るものでもないだろう。それは、かれらが態度と行動を改め、暴力や暴政を放棄し、正しくあるようにといった回心のための祈りだろう。私たちはなおもかれらのために祈るのであり、対立して祈るのではない。キリスト教信仰において、私たちはまたかれらの救いのためにも祈る（この救いが、かれらの王国の安泰と同義ではないのは明らかだ）。人間の視点から見れば何の変化も期待できなくても、この祈りはなおも捧げられねばならない。敬意と祈りに関するこれらの節が、おそらく〔第五代ローマ皇帝〕ネロによる最初の迫害の最中か直後に書かれたということを忘れるわけにはいかない。したがってキリスト者に対しては、パウロがローマの信徒への手紙一三章で述べているように、たとえ迫害に反感を抱いており、反抗する準備があっても、それよりも種々の権威に対して祈るように説かねばならない。キリスト者の唯一の真の武器は、神に訴えることである。神のみが、究極的な裁きを下すからだ、と。

さて、最後の点に到達した。三世紀以後の教会とキリスト教に対して不幸にも誤った方向づけをしたこの節をめぐるここまでの考察を、三〇年ほど前のある研究に言及せずに終えることはできない。(13) ここ〔ローマの信徒への手紙〕での一連の思索で用いられているのは、ギリシャ語のエクスーシアイである。これは公的な権威も意味しうるが、新約聖書においてはもう一つの意味を持ち、抽象的・霊的・宗教的な権力を指すものとして用いられる。したがってパウロは、天に王座を据えているエクスーシアイと戦わなければならないと語る（エフェソの信徒への手紙六章一二節）。たとえば、天使はエクスーシアイと考えられている。そこでオスカー・クルマン[8]とギュンター・デーン[9]は、同じ〔エクスーシアイの〕語が使用されている以上、そこには何らかの関係があるはずだと結論づけている。(14) つまり新約聖書が示唆するところでは、実にこの世の政治的・軍事的権威は、霊的権力との同盟にその基盤を有している。その権力は邪悪で悪魔的でもあって、神聖なものとは呼べない。これらの霊的なエクスーシアイの存在は、政治権力の普遍性と、人々があたかも自明のごとくそれに従うという驚くべき事実を説明するものだろう。思うに、これらの霊的権威はそうして支配者へと霊感を与えるのだ。

　さて、これらの権威は善でも悪でもありうるし、天使的でも悪魔的でもありうる。この世の権威は、自らがその手に落ちてしまった権力を反映する。パウロはローマの信徒への手紙一三章で、神によって立てられたものとして現に「存在する」権威に言及している。また、一九三三年以降に幾人かのプロテスタント神学者たちは、ヒトラーの権威は悪魔的な権力の手に落ちて「悪魔化された」ものだと述べることができた。その理由も、これで理解することができる。このように言うからといって、初期キリスト者の姿勢が絶対的に一致していたわけではなかったとか、国家は滅ぼされるべきだという主な論調のほかにより微妙な論調があったとかいうことを、単に主張したいわけではない（もっとも、無条件の服従を要求する者は誰もいなかったが）。重要な点は、パウロがコロサイの信徒への手紙二章一三－一五節でイエスは悪と死に打ち勝ったと言うとき、キリストは「十字架によってそれらに勝利を収め、すべての支配と権威からその権力を剥ぎ取って公然の見世物とした」ともされていることである。キリスト者の思考によれば、キリストの十字架とは、天国と地獄における権力の一切に対する彼の真の勝利である（私は天国と地獄が存在するかどうかではなく、当時の確信事に言及しているのだ）。彼だけが神の意志に完全に従順であり、自らの断罪と死刑の恥辱を受け入れることまでしたからである（「わが神よ、なぜあなたは私を見捨てたのですか」とあるように、その意志を十分に理解することもなく）。キリストは自分自身の解釈と使命に疑問を持つが、神の意志についての疑問はなく、それに完全に従うのだ。

こうした死を要求する神が、非キリスト者にとっていかにスキャンダラスなものかはわかっている。しかし、真の問題はここにある。つまり、愛はどこまで徹底しうるのか。誰が、自分を失うほどに絶対的に神を愛そうというのか。これは、アブラハムにとっての試練（直前で停止された）だった。それはまた、ヨブの怒りを引き起こした試練でもあった。しかし、イエスだけが最後まで従い通した（服従の必要がなく、まったくの自由であるときに！）。そのため、彼は人間の限界を超えて愛し、諸権力からその力を奪取した。悪魔はもはや権力を振るわず、独立した権威（エクスーシアイ）もない。すべてはそのはじめからキリストに服従している。もちろん反乱が起きるかもしれないが、それも前もって克服されている。政治的に言えば、政治権力に伴う、あるいはその外部にある権能（エクスーシア）もまた打ち破られている。それが意味するのは、政治権力は最終的な審級ではないということだ。政治権力は常に相対的なものである。そこから予期されうるのは、相対的で疑問の余地があるものだけだ。これがパウロの言葉の意味であり、それは、神に由来しない権威はないという（伝統的に絶対視されている）定式をいかに相対化する必要があるかを示している。権力はたしかに神からのものだが、すべての権力はキリストにおいて克服されたのだ！

訳注

1　ベヒモスは、旧約聖書のヨブ記において海の怪物リバイアサンとともに登場する陸の怪物。ホッブズの同名の著作に代表されるように、またフランツ・ノイマン『ビヒモス――ナチズムの構造と実際 1933-1944』（岡本友孝、小野英佑、加藤英一訳、みすず書房、一九六三年）に見られるように、しばしば政治権力の象徴として語られてきた。

2　ヘブライ語の「コヘレト」はかつては普通名詞とされ、「伝道者」などと訳されてきた。ここでのエリュールの記述もその理解によるものだが、近年ではこれを固有名詞と捉え、同書名を「コヘレトの言葉」と訳すことが通例である。

3　ダニエル書九章二七節を参照。また、マタイ二四章一五節でイエスは同箇所を引いて語っている。

4　ジャン・カルドネルは二〇世紀フランスのドミニコ会神父。解放の神学の擁護者としてフランスのカトリック界で重要な役割を担った。

5　パリサイ派、サドカイ派と並ぶ当時のユダヤ教の一派。厳格な規律に基づき、私有財産制を排した禁欲的な共同生活を送っていたとされる。

6　ペトロのこと。漁師から転じてイエスの弟子となったシモンは、岩を意味する「ペトロ」の名を新たに授けられる。マタイ一六章一三―二〇節を参照。

7　当時のユダヤ人社会のなかで、徴税人はローマの側につき同胞から税を取り立てる「罪人」だとみなされていた。

8　二〇世紀スイスのルター派聖書学者。歴史のなかで成就される神の計画を強調する救済史研究で知られる。教派を超えたキリスト教会の連帯を求めるエキュメニカル運動では、ルター派とローマ・カトリックの対話を取り持つ重要な役割を果たした。

9　一九～二〇世紀ドイツの牧師・神学者・キリスト教社会主義者。ナチスに対抗して結成された告白教会の一員として活動した。

原注

（1）これは今日の意味での裁判官ではなく、正義はどこに見出せるか、正義とは何かを民に示す指導者のことである。

（2）中央集権国家の持つ魅惑的な力には注意する必要がある。同様のことが、一九五〇年以来アフリカで見られる。アフリカの人々は、西洋的モデルに倣った国家を欲している〔こうした見方には、留保をつけておきたい。たとえばヴィジャイ・プラシャドは、冷戦の対立図式を相対化し、植民地主義と骨がらみになった国民国家や世界システムを問い直そうとした、ラディカルな「公正」「平等」のプロジェクトとしての〈第三世界〉を論じている。米ソやその同盟国の介入がこのプロジェクトの挫折に重大な影響を与えた点も含め、ヴィジャイ・プラシャド『褐色の世界史――第三世界とは何か』（粟飯原文子訳、水声社、二〇一三年）を参照〕。

（3）これこそまさに預言者たちがしてきた行為なのだと理解しておく必要がある。それは未来を予告するのではなく、民が自ら選んだ道に固執する場合に起こる出来事について警告する行為なのだ。

（4）Vernard Eller, *Christian Anarchy* (Grand Rapids: Eerdmans, 1987), pp. 8-9 を見よ。

（5）私の *Reason for Being: A Meditation on Ecclesiastes* (Grand Rapids: Eerdmans,1990) を参照。

（6）意外なことだが、J・J・ルソーは、皇帝の国と神の国を対立させることは内的分離を生み出して国を分裂させるという理由で、この言葉を攻撃した（『社会契約論』Ⅳ・8）。ルソーが言うには、人間に自己矛盾をもたらす制度は皆、拒絶されなければならない。そこから彼が出す結論は、国家は「市民宗教」、つまり国家宗教の偉大な統率者でなければならないというものだ。

（7）このように言われるのを読むにつけ、教会が独自の階級、君主、司教を立ててこられたことには驚かされる。

（8）私の *Apocalypse: The Book of Revelation* (New York: Seabury, 1977), pp. 92ff を参照。さらなる解説は、それ以下の記述も見よ。

（9）新約聖書の著者は明らかにこの言葉を知っていたのだと思われる。伝道者の書は、スコットの祭（仮庵祭）で毎年荘厳に読まれていた。

（10）「雲」という語はしばしば誤解されている。ユダヤ人にとって「天」、特に「天のなかの天」という用語は、太陽と月のある青い空を指していなかった。天とは神の住む所であって、近づくことのできない所を指している。絶対的最上級の「天のなかの天」（つまり「絶対的な天」）が示す通りである。雲も同様で、それは神秘を知ること、見抜くことが端的に不可能であることを示している。それらは「覆い」である。雲に乗ってやってくるイエスを描いた画家たちはひどく誤っているのだ。

（11）私の *Apocalypse* を参照。黙示録は単に惨劇の書ではないことをそこで示している。

（12）一九三六年以後、ヒトラーに対する抵抗運動を組織したのはドイツ・プロテスタントの告白教会だけであることをここで思い起こしてもよい。

（13）O. Cullmann, *Heil als Geschichte* (Tübingen: Mohr, 1965), 英訳 *Salvation in History* (Naperville: Allenson, 1967) を参照。

（14）同書、また同著者による *Christ and Time*, 3rd ed. (London: SCM, 1962), pp. 193ff（オスカー・クルマン『キリストと時——原始キリスト教の時間観及び歴史観』前田護郎訳、岩波書店、一九五四年）; *The State in the New Testament* (New York: Scribner's, 1956), pp. 93ff ; G. Dehn, "Engel und Obrigkeit: Ein Beitrag zum Verständnis von Römer 13, 1-7," in *Theologische Aufsätze für Karl Barth* (Munich: Christian Kaiser, 1936), pp. 90-109 を見よ。

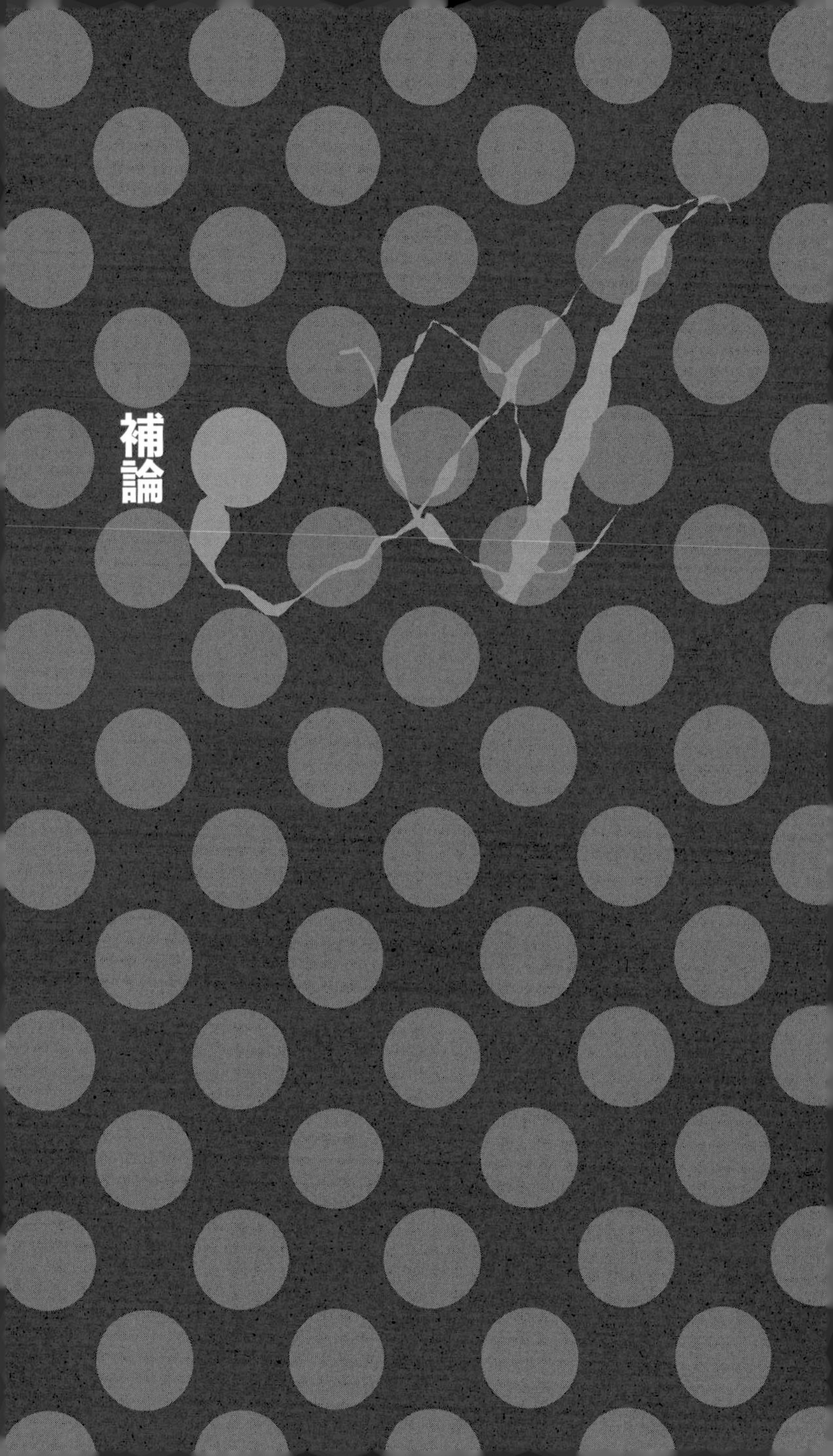
補論

1.

カール・バルトとアルフォンス・マイヨによるローマの信徒への手紙一三章一―二節の解釈

すべての神学者と全教会が、この節を国家の問題に関する絶対的真理であると一致して解釈してきたわけではない。そのことを示すため、二人の重要な神学者による二つの解釈を要約の形で提示したい。もちろん、この節が相当に厄介なものだということは、依然として認めなければならない。

1.-1 カール・バルト

バルトはローマの信徒への手紙の長大な講解——一九一九年に出された彼の神学的マニフェストである——で、[1] 秩序は社会に不可欠であり政治的諸制度はこの秩序の一部であることを認めると述べることから、一三章一節以下の解説を始めている。誤ってであれ恣意的にであれ、秩序を転覆してはならない。したがって、その節では非革命(ノン・レボリューション)が勧められている。だが、まさしくそのように言うことによって、このくだりは諸制度の本質的な非正統性を教えてもいるのだ。あらゆる既成の秩序は、神の秩序を求める者に対して圧倒的な不正を見せつけている。問題は秩序の邪悪な質ではなく、それがすでに立てられたものだという事実である。これは正義への希求を損なうものなのだ。こういった状況下では、すべての権威は専制政治になる。しかしながら、自らが本質的な正義を代弁していると主張する点では、実は革命家たちも悪に屈している。そう主張することでかれらが正統性を横領するとき、それは直ちに専制政治と化すだろう(一九一九年にそう書かれているのだ！）。悪は悪への回答にはならない。既成の秩序によって損なわれた正義の感覚は、秩序の破壊によっては回復されない。革命家たちは、不可能な可能性――真理、正義、罪の赦し、兄弟愛、死者の復活――を思い描いている。しかし、達成されるのは別の革命――憎悪、復讐、破壊といった可能な可能性――である。かれらは真の革命を夢見ながら、別の革命を開始してしまうのである。この聖書箇所はすでに立てられているものに好意的なわけではなく、それに相対する人間的な敵の一切を拒絶している。神のみが、その不義に勝る勝利者と認められるからである。

権威に屈せよというような説教には、この箇所はまったく否定的だ。この箇所が意味するのは撤退、不参加、非暴力である。たとえ立てられたものを公正に裁くのが革命の常なのだとしても、これは反逆行為によってもたらされるわけでは決してない。反逆者たちが陥っていくのは、神の秩序と立てられたものとの間の紛争である。かれらは最終的には、以前と同様の特徴を帯びた秩序を打ち立ててしまう。本来なすべきは、反逆ではなく回心である。服従しなければならないという事実が意味するのは、政治的打算自体がいかに悪しきものかを忘れるべきではないということなのだ。

1.
カール・バルトとアルフォンス・マイヨによる
ローマの信徒への手紙一三章一－二節の解釈

神の啓示は、真の正義を証しする。ここで命じられている通りそれを認めることが、すでに立てられたものを効果的に掘り崩す最良の道である。というのも、国家、教会、社会、〔法によって体現される〕積極的正義、科学は皆、チャプレン[1]たちの熱意と宗教的な欺瞞によって育まれた安易な信心のうえに成り立っているのだ。この情念を食い止めれば、それらの制度は皆枯渇して力尽きるだろう（ここには、イエスの姿勢に見られたのと同様の志向がある）。非革命とは、真の革命のための最善の準備なのだ（バルトにとって、それは神の意志と神の国によるものだ）。

バルトは最後に聖書に戻る。上に述べたことは皆、この箇所のための導入である。バルトは、見かけだけで言えば、この箇所は秩序の基盤を示していると述べる。あらゆる権威は、その他の人間のものすべてと同様に、神によって評価されるからである。神は権威のはじめであると同時に終わりであり、その義認と断罪を行い、その肯定と否定を行う。神は唯一の基準であって、立てられているものの核心にある悪は、真なる悪であることを理解させてくれる。したがって、あたかも神が私たちに奉仕しているかのように、この秩序を神が認可していると主張する権利は私たちにはない。ただひとり神の前で、立てられたものは崩壊する。この箇所は立てられたものを神の前に置き、そうしてあらゆる情念、正当化、幻想、心酔などは取り去られる。バルトは縦横無尽に一二章一〇節を引用する。義の建て上げは神のすることであって、従順とは神のみが持つ厳格な権威を認めることである。幾世紀もの間、教会はこのことを意識することもなく、国家に追従して人間性の根拠を裏切ってきている。真の革命は神のみに由来する。人間の革命家たちは、新たな創造を招来し、新たな良い兄弟愛に満ちた人間性を創造することができると主張する。だが、その際にかれらは、神の唯一の義（そして義認）を、また既成の人間的秩序に対立して神のみが建て上げられる秩序を理解し損なっているのだ。

1.
カール・バルトとアルフォンス・マイヨによる
ローマの信徒への手紙一三章一－二節の解釈

アルフォンス・マイヨ

マイヨはカール・バルトのような偉大な神学者ではないが、現存する最善の聖書注解者の一人である(2)。彼はバルトとは異なる視点を提示し、非常に鋭い問いから議論を開始している。パウロはその全著作で律法主義に反対しており、律法書は周縁的なものだということを示している。唯一の律法は愛の律法であり、イエスの業は解放の業である。それなら、社会的・政治的諸制度の問題について、どうしてパウロが律法主義者や法の擁護者となりえようか、と。

パウロが一方で示しているのは、政治的構造は神の意志の外にあるものではないということ、そして、その構造は私たちが神に従うのを阻むことはできないということである。もしも国家が私たちを悪に陥れようと脅すなら、それを拒否しなければならない。パウロは一切のマニ教主義、あらゆる二元論を拒否する。これこれの事柄は神の手の内にはないといった世界はありえない。いかに僭称しようとも、統治者や権威者らもまた神の手中にある。

またパウロは、現存する種々の権威についても語っている。マイヨによると、パウロは当時の権威に言及しているのであって、いつの時代にも妥当することを説いているのではない。キリスト者の義務は、自らが真理と信じることを証しすることにある。キリスト者は、種々の権威は神の手中にあると信じるからこそ、権威に対して自らの考えの正しさを告げられるのだ（この可能性はほとんど活かされていないが）。パウロが、強要されてではなく良心のゆえに服従すべきだとも説くのであれば、それは私たちの従順が決して無知や諦観ではありえないことを意味する。ペトロが「人に従うよりも、神に従うべきです」と語るように（使徒言行録五章二九節）、良心によって不服従へと導かれることもありえよう。こうした道理は、政治屋たちには理解できないだろう[3]。

最後に、マイヨにとって最も重要なのは次の点だ。パウロがこの章を書いたとき、彼はすでに何度か投獄されていた。彼は政治屋を清廉なる聖歌隊員の少年などと考えたりはしなかった。彼は間もなく、ローマ当局によって処刑されることになっていた。つまり、その苦難の生と死はこの一三章を「非合法化」しているのだ。

マイヨもこの章を書簡全体の文脈に位置づけているが、私とは異なった方法を取っている。というのは、彼のほうが広範な議論をしているからだ。彼の理解によると、この手紙は全体として、人間の歴史における神による救いの義の運動を示そうとしている。パウロは、これを人間の現実のあらゆる側面において論証しようとしている。教会とイスラエル（これについてパウロは一三章以前で述べている）は、歴史を形成する唯一の現実ではない。政治や人間社会も存在する。パウロは、国家（ポリス）も神の計画の一部であり、神の意志とは無関係ではなく、神による救いの義の一端を担いうることを示そうとする。マイヨによれば、キリスト者と非キリスト者の出会いは避けられるものではなく、時には異教徒の為政者がキリスト者になることもあったようだ。裁判官でありキリスト者、取税人でキリスト者というのはありえるだろうか？　いかにも、パウロは近衛兵に対して（フィリピの信徒への手紙一章一三節）、また皇帝の家の者たちに対しても（四章二二節）語っている。キリスト者でもあったこれらのローマの公人たちは、果たすべき職務に伴って、霊的な困難さに直面しなければならなかったに違いない！

　またマイヨも、先に私たちが指摘した点を具体的に力説している。すなわち、初期キリスト者たちによる権力への全般的な敵対である。そのために、パウロは「均衡を保つ」ことを望んでいる。統治機構から、為政者、ネロまでもが、イスラエルや教会とは別の仕方であれ、神の義のダイナミズムのなかに統合されている。究極的には、それらは悪魔ではなく神に由来する。そのため、キリスト者たちはそれらを否定してはならない。同時に、パウロは、悪魔的なものにのめり込む体制をめぐる問題には答えていない。彼が主張するのは、為政者は善を支持せねばならないということだ。したがって、もしもかれらが悪の紛うことなき支持者となっているのなら、かれらとの関係を見直す必要がある。いずれにせよ、真の従順は単に他の従順の引き写しではないのだ！

2. 良心的兵役拒否者

先述の通り、ここまで初期キリスト者の意見や志向を表す聖書箇所を検討してきた。ここでは、ただ単に個人の証しや意見を扱っているのではない。というのも、教会に属する人々の大多数から（会議ではなく草の根の同意によって）認められた限りにおいて、これらのテキストは「聖なる書物」となったことを忘れてはならないのだ。次に、「反逆する市民」となった一～三世紀のキリスト者が、こうした志向を行動に移していくのを見てみよう[4]。

主たる争点である良心的兵役拒否の問題を検討するのに先立って、見逃せないいくつかの要因を見ておく必要がある。二世紀にケルソス[2]は、彼のキリスト教批判書のなかでも特に『真理の言葉』において、キリスト者は人類の敵だと書いた。それは、キリスト者がローマの秩序、すなわちローマの平和（パクス・ロマーナ）に反対していたためである。これが意味するのは、ローマによって組織されていた類の人間をキリスト者が嫌悪していたということである。後にキリスト教が小さな分派でなくなり、より挑戦的な宗教になったとき、キリスト者は為政者や軍事指導者を軽蔑していたことから帝国を弱体化させていると非難された。これは、背教者ユリアヌス[3]が訴えたことの一つだ。キリスト者のせいで、ローマの組織は崩れていき、ローマ軍は多くの前線での戦いに敗れたというのである。ユリアヌスは、今日では妥当とは思われない議論をさらに進めた。つまり、キリスト者は人々に伝統的な都市の神々を敬い仕えることをやめさせ、人々はローマを見捨ててしまい、こうしてローマは衰退した。古代の神々に立ち返れば、ローマはその偉大さを取り戻すだろう、と。そんな主張は無視してもよいのだが、ただ、後代の帝国の歴史家が皆同意しているのは、キリスト者は政治や軍事には興味を示さなかったという点である。

　これには二つの側面がある。一方では、幾世紀もの間、ローマの知識人は法律や都市・帝国の組織に熱烈な関心を抱いていたが、三世紀に入ってからはその関心を神学へと向けるようになった。他方、キリスト者は政治家や役人として働こうとはしなかった。キリスト教は、低階層の人々を引き入れている限りでは——当初はそうして都市の貧者、奴隷、解放奴隷の間で広まった——大きな問題にはならなかった。しかし、キリスト教が富裕層や支配階級にまで浸透すると、〔改宗による〕離反行為は深刻なものとなった。キリスト者が都市の元老院議員や属州総督や軍人といった役職に就くことを拒否したことで、適任者探しがいかに困難になったかは多くの資料が示す通りだ。キリスト者は社会の運命には関心がなかった。皇帝がキリスト者たちを強制的に元老院議員にしようとすると、その多くは田舎の第二の住居に退散し、地主として暮らそうとした。軍隊に関しては、皇帝は外地（の異民族）から兵士を探す必要があった。現代の歴史家には、キリスト者の側でのこうした全般的な離反が、四世紀以後のローマの衰退の最も重要な原因の一つだと考える者もいる。

さて、三世紀以前のキリスト者の生活実態の問題に戻ろう。そこでは、テルトゥリアヌスの考えが強い影響力を持っていた。彼は、教会も帝国も必然的に真のキリスト教と対立し、したがって神に敵対していると立証してから、全面的な良心的兵役拒否を擁護した最初の人物だったようだ。彼の名言の一つはこうだ。

もしキリスト者の皇帝というものがありえるならば、もしくは、もし皇帝がこの世（新約聖書で言う、神に敵対するものの権化としてのこの世）に必要な存在でなければ、皇帝はキリスト者だっただろう。とは言え、反対が表明されていた事実上の論点は（皇帝崇拝の拒否を除けば）軍役にあった。

歴史家たちは、軍役に関するこうした問題を重ねて論じてきた。碑文にはキリスト者の兵士がいたことを示しているものもあるが、ごくわずかである（そして、これらの兵士はおそらく徴兵されたのだ）。ほぼ確実に言えるのは、紀元一五〇年までの間、キリスト者となった兵士は軍隊を去るためにできる限りのことをし、キリスト者は兵役には志願しなかったということだ。三世紀の後半になると、教会の権威やキリスト教共同体全体の否定的態度にもかかわらず、キリスト者の兵士の数は増えていった(5)。しかし、キリスト者の兵士は増えたけれども、問題も引き起こした。たとえば、あるキリスト者の兵士は公の儀式の際、公式の月桂冠を着けることを拒否した。また別の場合だと、ディオクレティアヌスが臓卜（そうぼく）[4]〔動物の臓器を用いた占い〕で将来を予見しようとして捧げ物に失敗した際には、十字を切ったキリスト者の兵士のせいにされた。軍役は二五〇年までには一つの事実となっていたと言えるかもしれないが、それは志願ではなく徴兵によるものだ。二世紀末からは、徴兵されても兵役を絶対に拒絶した者が、結果として殺されるという兵役殉教の例が目立つようになった。こうしたことは戦時中に起こった。ある記録によれば、自分の同僚を処刑する執行人として選ばれたが、突然回心を決意して剣を投げ捨てた兵士がいたという。テルトゥリアヌスやラクタンティウス[5]によって、多くの例が記されている。

　そこから言えるのは、キリスト者の反軍事主義は広範なものだったということだ。三世紀初頭における教会規則の公的記録であるヒッポリュトス[6]の『使徒伝承』は、軍の指揮権を持つ者や都市の政務官は、自分の職を去るか、教会から追放されるかの選択をしなければならないと語る。もし洗礼志願者や信者が兵士になることを欲するなら、その者は教会から追放されなければならない。その者は神を侮っているからだ。こうした条件のもと処刑されるキリスト者の数は増加し、大規模迫害の時期が始まり、「兵士聖人」として知られるようになった言葉が生まれた。

　多少の変化が起こったのが、三一三年のエルヴィラ教会会議だった。そこでは、行政において平和的な職に就いている者は、その職に就いている期間は教会への立ち入りを許されるべきではないとだけ規定された。断罪されたのは、強制を伴う権力へのあらゆる参与である。またこの頃（三一二－三一三年）、コンスタンティヌスの回心があった。その伝説はよく知られているが、彼の回心はおそらく政治的打算によるものだった。キリスト者はその数のゆえにもはや決して無視できない政治的な勢力となっており、コンスタンティヌスは権力を得るために結集しうる限りの支持を取り付ける必要があった。一般民衆は知識人や貴族階級と同様、古代の諸宗教を捨てはじめていた。そこに宗教的空白が生まれたのだが、コンスタンティヌスはそれをどう活用するかを知っていた。彼は公的にキリスト教を採用し、その際に教会に罠を仕掛けた。教会はその罠にすぐに身を差し出し、こうして貴族制に由来する階級制度に大多数が引き込まれることになった。神学者のなかには抵抗しようとした者もいた。四世紀末も終盤になると、戦争で人を殺すことは殺人であり、戦闘に関与した兵士は聖餐式への参加を三年間拒まれねばならないとバシレイオス[7]が語っている。戦争が恒常的に起こっていた以上、これは永遠の破門を意味した。しかし、これはそのときごく少数の抵抗者だけの見解となっていた。キリスト教が公認宗教になりつつあり、教会は多大な特権を享受していたという事実が、大部分の指導者を丸め込んだからである。

　こうして、皇帝自身によって召集された三一四年のアルル教会会議で、行政職と軍役に関する教えは完全に逆転した。会議で定められた第三条では、軍役を拒否したり乱を起こしたりした兵士は破門とされ、第七条では、異教的行為（たとえば皇帝崇拝）に参加せず教会の規則（たとえばあらゆる殺人的な暴力を遠ざけること）を遵守する限りでは、キリスト者が国家の役人になることが認められた。アルル教会会議は殺人を禁じたと考える論者もいるが、そうだとすると何が兵士の役割なのか、理解しがたい。現実には、国家は教会を支配し、その本来の見解とは根本的に矛盾するものを教会から引き出しはじめていた。この会議によって、キリスト教の反国家的・反軍事的、そして現在ならばアナキスト的と言うべき運動は、終焉を迎えたのだった。

3.

証し――牧師とアナキスト

アドリアン・デュショザル

私は二〇年もの間、二〇〇〇人ほどの住人の教区において教職者、牧会者として働いてきた。また、週に三日は金属製品の会社で働いている。ここでは私は、多くの人にアナキストとして知られている。キリスト者であることとアナキストであることをどのように両立させることができるのかと、よく尋ねられる。私は自分のキリスト教信仰とアナキストとしての確信の間に何の対立も感じない。それればかりか、ナザレのイエスについて知っているがゆえに、アナキズムへと促され、それを実践する勇気が与えられるのだ。

「神もなく主人もなく」と「私は全能の父なる神を信ず」、これら二つの確信を私は誠心誠意保持している。誰一人として、他者に対してより上位にあるという意味での主人となることはできない。誰一人として、自分の意志を他者に押しつけることもできない。崇高なる主人としての神など、私は知らない。

――私は人間のあらゆるヒエラルキーを否定する。ジャン・ポール・サルトルは、人間一人ひとりの比類なき価値を見事に表現した。彼はこう言った。誰であっても一人の人間は、他のすべての人間と同等の価値がある。サルトルに先んじて、イエスは人を分け隔てしなかった。権力の座にある者は、イエスの態度に狼狽してその死を願った。権力者はイエスに言った。「あなたは先々を憚ることなく語っています。人々の地位を考慮していないからです」（マタイ二二章一六節）。人間の生は、社会を組織しようとするあらゆる法を超越したものである。マタイ、マルコ、ルカ、そしてヨハネによる福音書は、イエスと当局の衝突の話で満ちている。イエスが、個々人の生に対する配慮から法律を破っていたからである。

まさにこの精神のもとで、私たちは移動の自由を支持する多くの署名を集めてきた。そこでは、もし健康上必要だと自ら判断するならサハロフの妻エレーナ・ボンネル[8]は西側諸国へ行けるはずだし、もし真に必要だと自ら考えるなら南側諸国の人々は北側諸国へ自由に行けるはずだと主張したのだった。

——私は神と人間との間のヒエラルキーをも否定する。神——少なくともイエスが父と呼び、私たちにもそう呼ぶように教えた神——は、自らの意志を私たちに押しつけたり、私たちを劣った者とみなしたりする支配者として顕れるのでは決してない。イエスにとって、父と子の間にはなんらヒエラルキーのような関係はない。彼は言う。「私と父とは一つである。……父は私の内にいて、私は父の内にいる」（ヨハネ一〇章三〇節、一七章二一節）。

したがって、敵か、上か、同じか、下かという観点からしか考えることのできない宗教人は、イエスは自らを神と等しくしていると非難し、人間イエスが父なる神でありうることや、私たちすべての使命はこのような神になることであるということが想像できない。

創世記の著者は（聖書によれば）、私たち人間の過ちが、人生の楽しみや命を創造する喜びにおいて神とともにいることにではなく、善悪を知る神々のようになりたがるこの態度にあることを示している。自分自身のこととその地位に心を奪われた者のそうした態度は、あらゆる種類の不幸を引き起こす。人は孤独に取り残され、露骨で冷笑的になり、互いに責め合い、自分のために奮闘し、創造と再創造において死の種を蒔き、支配するために戦うか恐怖のあまり支配されることを甘受する。

預言者は、絶えず神の契約のなかで生きるように告げている。しかし、権力の支配下で、人は他者を攻撃することで自己主張するほうを選ぶ。

聖書のサムエル記上八章を見よう。イスラエルの長老はサムエルに言った。「私たちを治める王を私たちに与えてください」。そこで、神はサムエルに言った。「民が求めることをすべて与えて、満足させなさい。……民は自分たちの上に私が君臨することを拒んだ」。そして、サムエルは神が言ったことを民に告げた。「あなたたちの上に君臨する王の地位は、これから述べるようになるだろう。王はあなたたちの息子を集め、戦車兵や騎兵にしたり、王の戦車の前を走らせたりする。王はかれらを千人隊の長、五十人隊の長として使い、王のための労働や収獲をさせ、戦争の武器や装具を作らせる。王はあなたたちの娘を集め、香料作りやパン焼きをさせる。王はあなたたちの最上の畑、ぶどう畑、オリーブ畑を没収し、自分の家臣に与える。王はあなたたちの穀物、ぶどうの十分の一を集め、重臣や家臣に与える。王はあなたたちの奴隷、女奴隷、牛、ろばを集め、自分のために働かせる。王はあなたたちの羊の十分の一を集め、こうしてあなたたちは王の奴隷となる。その日にあなたたちは、自分が望んだ王のゆえに泣いて訴える。

しかし、神はあなたたちに答えることはない」。

――私が神を信じるのはなぜか。私は唯一の神を信じる。そして、この神はイエスという人間である。多くの人は、彼は死んだと言う。私は、彼は生きていると答える。私は、決定的で反論の余地のない証拠を握っている。私と共に生きているイエスを信じることによって私は人生を味わい、彼の存在を忘れるときには、私はもはや生きていないか何の道徳性も持たない。当然、私は生きることを選ぶ。このように、イエスは私にとって神である。彼と共になら、私は生きることができるからである。

『貧困の哲学』の第八章を読むと、ピエール・ジョゼフ・プルードンのことがとてもよくわかる。彼は崇高な存在である神、私たちを支配する唯一の神のみを描いている。彼にとって、この神は否定する以外にない。この神は、必然的に彼が生きることを阻むからである。彼はこう言った。もし、神が存在するなら、その神は「必然的に私たち人間の性質に敵対する。結局、神は何らかの存在ではあるのだろうか。私は自分にそれがわかるかどうかもわからない。仮にいつの日か私が神と和解しなければならないとしても、この和解は私が生きている限りありえないものだし、そうする場合私は何も失わず、すべてを獲得するとされるのだが、この和解は私が自己崩壊することによってしか成立しえない」。[9]
——種々の哲学や神学の無益さ。神の存在を受容するか拒否するかは、最終的には重要ではない。重要なことは、生命の与える味わいと喜びを持つことである。自分が正しいことを証明し、自分たちが偉大な思想家であることを書き立てようとする哲学者や神学者の議論は、すべて無益である。

タルソスのパウロによるコリントの信徒への手紙一の三章とともに、私は賢者の論議が空しいものであると主張する。かれらは自分自身の賢さという罠に捕らえられている。こうして、ソクラテスのような者は、自らの考え抜いた民主主義を尊重するがために死ななければならない。

イエスの友であったヨハネがその手紙の一の四章で述べているように、神について語れることは私たちにはないと私は考えている。これまでに誰も神を見たことがないからである。愛は神によるものであるから、私たちはただただ互いに愛し合うべきであり、愛する者は神から生まれ、神を知る。神は愛であるから、愛さない者は神を知らない。もし、人々が神を愛すると言いながらその兄弟を憎むなら、その人々は嘘つきである。もし、裕福な人が貧しい兄弟を見ながら憐れみをかけることを拒むのなら、どうして愛が彼の内にありえようか？

私たちはイエスを信じる。彼を私たちの神と認め、彼を神と呼ぶ。これは、私たちが彼の内に神的な性質である全能、超越、永遠などを見るからではない。それは他者に対する彼の愛の態度のゆえであり、その態度は私たちに同じ精神で生きることを促し、生きる味わいを与えてくれる。

——「革命のために」とは、どんな革命か。反乱を起こし、武器を取り、暴力に訴える被抑圧者を断罪することは私にはできないが、かれらの反乱は実際の革命と同様に効果のないものだと思う。被抑圧者は権力者によって押し潰されるだろうが、もしかれらが権力を手中に収めたら、武器による権力の味を知り、そして新たな抑圧者になるだろう。したがって、すべて同じことが何度もなされなければならないだろう。

真の革命のために、あらゆる暴力の源泉を取り除く行動を起こさせる道徳を見出す必要がある。その源泉とは、ヒエラルキーの精神、そして恐怖である。その恐怖とは、統治しなければ生きていけないという統治者側の恐怖であり、統治を維持するために暴力の行使をやむなくさせるような恐怖である。あるいはまた、主人を打倒しなければ生き延びられないという被統治者の恐怖であり、自分たちを苦しめている暴力を受け入れるように駆り立てる恐怖である。被抑圧者は他者を統治することを目指して埋め合わせを試みるが、暴力という犠牲を払って反乱と抑圧の地獄の悪循環に陥るのが常である。

私たちはイエスの精神において、恐怖を攻撃することによって暴力と戦う。イエスは被抑圧者にこう言う。「もし、誰かがあなたの右の頬を打つなら、左の頬も向けてやりなさい」。こうして、彼は抑圧者たちの暴力の恐怖から私たちを解放しようとする。イエス自身は――彼は恐怖から解放されていた――殴られたとき、他の頬を向けるのではなく相手にその理由を尋ねた。「もし私が何か悪いことを言ったのなら、私が言ったことの悪い点を示しなさい。しかし、もし私が正しいことを言ったのなら、なぜあなたは私を打つのか」(ヨハネ一八章二三節)。イエスはかれらに殺されようとしているときも、死を恐れていない。

イエスはまたこう言う。もし誰かが下着をくれと言うのなら、上着も渡すべきである。そして、もし誰かが一マイル一緒に来いと言うのなら、二マイル行くべきである、と。イエスは、主人なくしては生きていけないという恐怖から被抑圧者が自由になることを望んでいる。そうして被抑圧者は、イエスが主人を偽善者や蝮の子と呼んだのに倣って行動できるようになり、ついには支配者はその支配の精神を維持できなくなる(マタイ二三章)。支配している限りにおいて、主人は常に自らを誇っている。したがって、私たちはその下劣さをかれら自身に見せつける必要がある。そうすれば、かれらは自分の立場を捨てるだろう。誰も自分を軽蔑して生きることはできないからである。

――ガンディー、ランザ・デル・ヴァスト、[10] レフ・ワレサ、そしてイエス。〔以下のガンジーについての記述は訳注11を要参照〕[11] ガンディーをイエスのようなタイプの非暴力の旗手として描くことは間違っている。ガンディーは非暴力に訴えたが、インドという国家にただ抑圧的な権力の確立を招いただけである。彼は上位に立つイギリスの権力に対抗して非暴力を用いたが、弱者に対しては戦争兵器を向けたのだった。ガンディーはインドの指導者や彼の弟子たちとともに、自らを暗殺しようとする集団に対して警察を差し向けた。クリスマスの日には、パンジャーブ地方の独立を要求していたシク教徒との戦争を訴えた。彼の高尚な思考は、あらゆる指導者の心中にある暴力を覆い隠していた。

さらに、イエスの非暴力は、ランザ・デル・ヴァストやより最近ではレフ・ワレサの非暴力ともまったく異なる。この二人は暴力を恐れ、暴力の世界を回避する。かれらは、抑圧的な権力を攻撃してその暴力を明るみに出すことを拒む。一九七六年に暴力に直面したランザ・デル・ヴァストは、寛大になり、暴力に対抗しないようにと人々に慎重に勧めた。彼は暴力を恐れて、核の力という暴力を受容した。レフ・ワレサがポーランドで開始した強固な連帯運動は賞賛に値する。不幸なのは、彼が解放運動にブレーキをかけたことだ。権力者がそれに対する暴力の応酬と流血の事態をほのめかして脅したため、いくつかのデモを取りやめたのだ。こうして、国家による日々の暴力は幾年も続いた。

これとは対照的に、イエスは紛争と挑発をも辞さない平和を求める。非抑圧者の側に立つことによって、暴力が自ずと自分の身におよぶことを彼は悟っている。しかし、彼はひるまない。自らの父との関係において、この道を進むための力を得ているからである。そうでなければ、彼は生きることができなかっただろう。「自分の命を救おうとする人はそれを失うだろう」（マタイ一六章二五節）。

ランザ・デル・ヴァストは、為政者の秩序に従ううえでの責任をすべて放棄したことを糾弾しなかった点で、自分の敵対者を尊重していない。しかし、イエスは敵と接する際、敵が自らの人間としての人格を再発見できるようにする。ランザ・デル・ヴァストはまた、デモ参加者に対する敬意にも欠けていた。責任を担ったり、自らが引き起こそうとしているリスクを推し量ったりすることが、かれらに可能だとは考えていなかったのだ。しかしながらイエスは、直面する困難の数々について友に警告し、取り組むべき状況を教え、かれらが自分自身で選択できるようにする。

——アルバロ・ウルクエ・チョクエとイエス。今日、誰しもの内に兄弟姉妹を見出すカトリック的（すなわち普遍的ということだ）精神に支えられた者たちの歴史のなかに、人々が合流していくのが見られる。そのなかには、ナザレのイエスの内に神を見ると言う者もいる。また、イエスは自分が他者より優っているかのようにふるまわず、すべての人への愛において抑圧者に対抗して非抑圧者の側に立ち、あらゆるヒエラルキーや他者を抑圧する権力の一切を破壊するために働いている。かれらにはそのことがわかっているのである。

一九八五年三月に出版されたある書は、アルバロ・ウルクエ・チョクエのこと[12]を語っている。彼は一九八四年一一月に暗殺されたコロンビア唯一のインディアン司祭だった。彼の妹は一九八二年に警察にすでに殺されていた。彼は死の前のある機会に制度化された暴力について語り、キリスト者に迫った。「私たちは何をしているのか。私たちは見物人としてただ傍観しており、自ら沈黙することで頷いている。それは私たちが、福音を徹底的な形で宣言することを恐れているからだ」（一九八五年二月一一日の報告）。

この書は続けて、〔フランスの〕ボゼルとプラネの教区のキリスト者たちは自分たちの司祭とともにこの世の現状を分析し、国家の暴力を拒否しなければならないと記している。かれらは利子を取って金を貸すという行為が暴力の本質的な原因だと見て、糾弾の声を上げるようになっている。それは、空腹で死にかけている人々に対する暗殺の一形式とも呼べるほどだ。かれらは特に軍事費や武器の製造・販売を糾弾している。また、たとえば投獄や拷問といった手法で、貧者や抵抗者を統治権力に服従させる警察の暴力に反対している。こうした国家の暴力に反対する運動へ参加するよう司教や他のキリスト者の共同体に訴え、応答を待ちつつ、イエスにおける人々の一致を表明しているのである。

かれらのそうした行動を強化するうえでは、キリスト者とアナキストが互いをよりよく知れば、うまく事が運ぶだろうと思う。

自由を旨とする者たちによってこの記事が出版されるのは、おそらくアナキストが、実にその名が「すべてに対して開かれている」ことを意味するカトリック以上に、開かれた精神を持っているからであろう。

訳注

1　キリスト教会以外の諸施設、たとえば病院や学校で働く牧師や神父などを指す。

2　二世紀ローマの哲学者。キリスト教を否定する『真理の言葉』を著したがそれは現存しておらず、神学者オリゲネスの『ケルソス駁論』を通じて知られるのみである。

3　四世紀中頃のローマ皇帝。ギリシャ文化の影響のもとでコンスタンティヌスのミラノ勅令以来のキリスト教公認を否定し、多神教信仰を再興させた。

4　三世紀末のローマ皇帝。軍人皇帝のもとで混乱を来たしていた元首政を専制君主政に移行させたほか、キリスト教への大弾圧を行ったことでも知られる。

5　三〜四世紀の神学者。キリスト教が迫害されるなかで著述活動に取り組んだ。

6　当時活躍した神学者。その著書『使徒伝承』は、教会規則のほか典礼のあり方や式文を示す最古の文書として知られる。

7　当時活躍した神学者。三七〇年にカイサリアの司教となり、病院施設を建設したことで知られる。

8　アンドレイ・サハロフは二〇世紀ソ連の物理学者。水素爆弾の開発に関与したが、後年は人権活動家として働き、ペレストロイカの父と呼ばれた。またその妻エレーナ・ボンネルも人権活動家として知られた人物。両者ともに国内流刑の状態にあるなか、エレーナは心臓病の手術のための出国を求めたが許可されず、サハロフによる抗議のハンガーストライキなどを経て、ゴルバチョフ政権下の一九八五年に渡米し手術を受けた。

9　訳文はピエール＝ジョセフ・プルードン『貧困の哲学　上』（斉藤悦則訳、平凡社、二〇一四年、五五七–五五八頁）による（一部改訳）。

10　二〇世紀イタリア出身の哲学者・詩人・彫刻家・活動家。ガンディーとの出会いから反暴力の思想を育んだ。フランス南部での「方船共同体」というコミューンの建設や、ラルザックの軍事基地拡張反対運動などに携わり、反暴力やエコロジー運動の重要人物として知られる。なお、後に本文で触れられる一九七六年は、ヴァストがフランスでの高速増殖炉の建設反対運動に携わった年である。

11　ここでは、インド独立に貢献した非暴力・不服従の運動家マハトマ・ガンジーと、シク教徒と対立し、その殲滅のための軍事行動を指示した首相インディラ・ガンジーが混同されていると思われる。たしかに、マハトマ・ガンジーの英雄的な人物像の見直しも近年進んではいるが、両者には血縁関係もなく、ここでの記述は明確な誤りと言うべきだろう。

12　二〇世紀コロンビアのカトリック司祭。自らが出自を持つパエス族をはじめとする先住民族の権利獲得のために闘った。

原注

（1）初版は Karl Barth, *Der Römerbrief* (Bern: G. A. Bäschlin, 1919)。第二版は (Munich: Christian Kaiser, 1922)。第六版の英訳は *The Epistle to the Romans* (London: Oxford, 1933)（カール・バルト『カール・バルト著作集14　ローマ書』吉村善夫訳、新教出版社、

一九六七年）。

（2）Alphonse Maillot, *L'Epître aux Romains* (Geneva: Labor et Fides, 1984).

（3）マイヨは独自の手法で、良心的兵役拒否に関する軍法の不合理さを示している。そこには言葉の矛盾がある。拒否する者たちは良心に従っている。軍法は軍事機構の円滑な機能を目的としている。相互理解などありえないのだ。

（4）この章では、単に以下の優れた著作をまとめているに過ぎない。Jean-Michel Hornus, *It Is Not Lawful for Me to Fight: Early Christian Attitudes Toward War, Violence, and the State*, rev. ed. (Scottdale, PA: Herald, 1980).

（5）E. A. Ryan, "The Rejection of Military Service by the Early Christians," *Theological Studies* 13 (1952), pp. 1-32.

＊アドリアン・デュショザルは一九三四年生まれのフランスのカトリック神父。中央アフリカ共和国への派遣などを経てボゼル教区の司祭となり、二〇二〇年に没した。

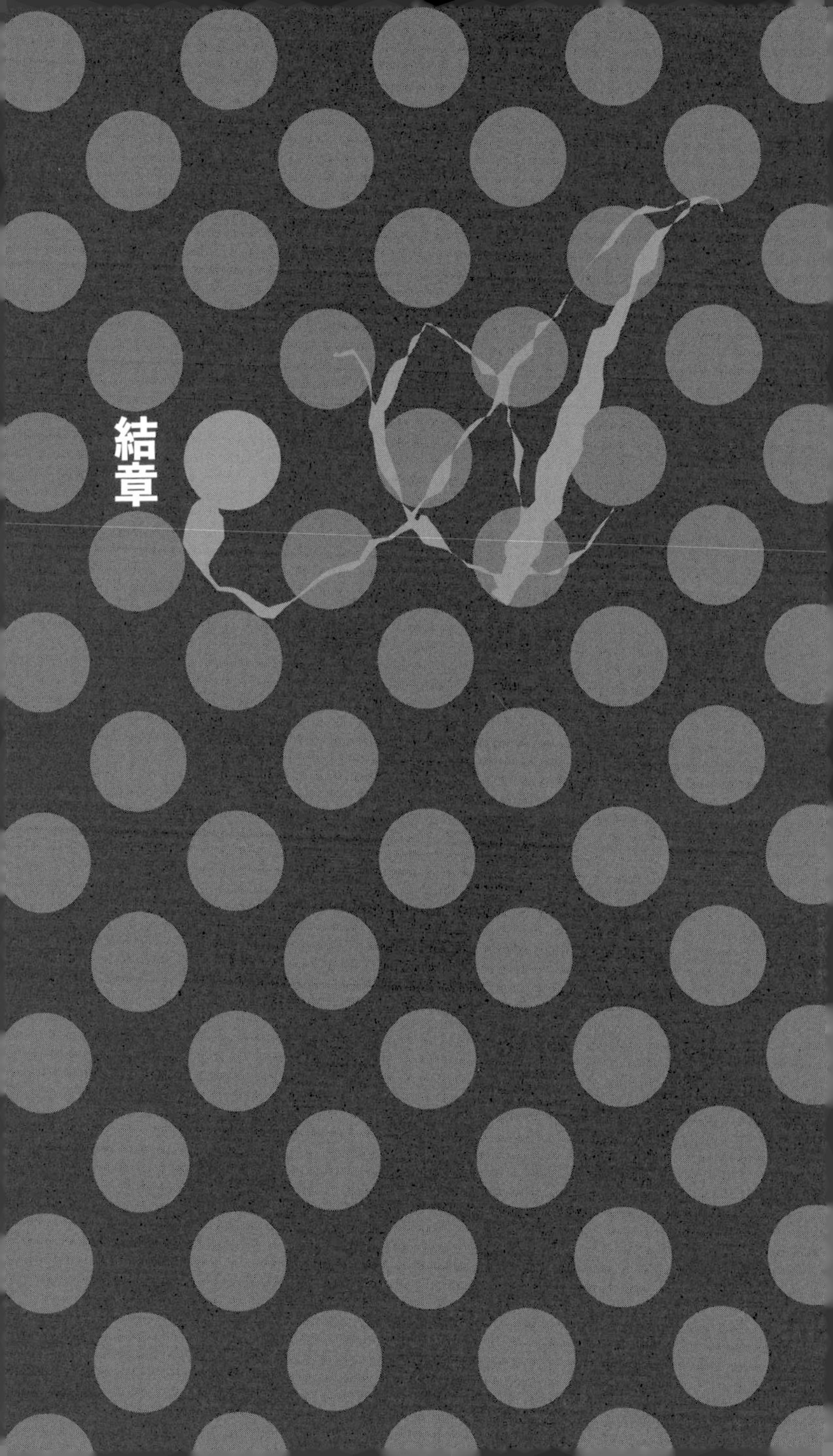
結章

私は本書を書きつつ、一抹の不安を抱いて自問している。アナキストの読者は、種々の聖書箇所の長々とした分析を忍耐して読んでくれただろうか。退屈になったり腹を立てたりしていないだろうか。聖書を他とは違った本、神の言葉を伝えている可能性のある本とは必ずしも見ていないかれらが、聖書の有用性を理解してくれるだろうか。しかしながら、結局のところ、これは私の課題の一部だった。そして、私はキリスト教の固定観念に対抗するために、これをやり遂げねばならなかった。それはアナキストの側と同様、キリスト者の側でも必要なことだったのだ。

そしていま、こうした本をどんな言葉で結ぼうか？　思うにこの本の重要性は、もっぱらキリスト者に対する警告という点にある（そして私には、キリスト者としてアナキストの集団に干渉するつもりはない）。私の理解では、まず私たちが学んだのは、キリスト教のあらゆる精神化、天国や将来の生活への逃避（私は復活の出来事のゆえに死後の生を信じているが、死後の生は逃避を認めない）、世俗のものを蔑視する神秘主義の一切を全面的に排斥しなければならないということだ。神は私たちを無為にこの世に置いたのではなく、私たちに拒絶する権利のない責務を与えているのだから。そうは言っても、政治に参加していこうとするキリスト者とは対照的に、私たちは現代の支配的イデオロギーの罠に陥ることを回避せねばならない。すでに述べたように、教会は王のもとでは君主政支持者であり、ナポレオンのもとでは帝国主義者であり、共和政のもとでは共和政支持者であったが、現在フランスでは社会主義的になっている（少なくともプロテスタントの教会はそうだ）。これは、私たちはこの世の考えに順応すべきではないというパウロの指示に反する。ここに、キリスト者の順応主義的な適応性に対して、アナキズムが適切な抑止力を働かせうる最初の場がある。

イデオロギーと政治の世界において、その場は暴走を阻止するものとなる。当然、キリスト者が右派――今日の右派、私たちが目の当たりにしている右派――であるなどおよそありえないことだ。〔一八七〇～一九四〇年の〕フランス第三共和政における共和政右派は、ある程度の価値を持っていた。[1] このことはここでの問題ではない。いまや右派とは、超資本主義もしくはファシズムのいまいましい勝利のことになっている。[2] これほどの勝利は他にはない。そこから除外されてはいるが、二〇世紀におけるマルクス主義の変化した姿も同様だ。モスクワ裁判、バルセロナにおける共産主義者によるアナキストの恐るべき虐殺、一九三九年の独ソ不可侵条約、〔フランス軍がドイツ軍に大敗し休戦協定を結んだ〕一九四〇年の共産党によるマレシャル主義[1]への打算的な接近、〔フランスがドイツの占領から解放された〕一九四四年以後の行動（まさにこのときに、我らが勇敢なる牧師たちはスターリン的共産主義の美点を見出していたのだった）。これらの出来事を経た後に、キリスト者がスターリン主義者になることはできない。アナキズムは事態をより明確に認め、私たちに警戒を呼びかけていた。おそらく、今日ここから教訓を引き出せるだろう。

最後に、アナキズムはキリスト教に立って思考する者たちに、国家の支配的な見地とは異なった見地から社会の現実を見ることを教えてくれる。現代の悲惨と思われることのひとつは、国民国家が規範であることに私たちが皆同意しているように見えるということだ。いまや国民国家の規範が、ナショナリスト的構造と国家統治をこぞって温存していたマルクス主義の革命よりも強力なものになっているのを見ると驚かされる。思えば恐ろしいのは、マフノに見られたような国家からの離脱の願望が流血のうちに沈められたということだ。国家がマルクス主義であろうと資本主義であろうと、違いはない。支配的なイデオロギーは、主権のイデオロギーである。これは統合ヨーロッパの建設を笑い話にする。諸国家がその主権を放棄しない限り、そうしたヨーロッパは不可能だ。国家のナショナリズムは、いまや全世界に浸透している。そのため、アフリカの人々は皆、植民地支配から解放されるとこの形態を性急に受容したのだった。ここには、アナキズムがキリスト者に与えうる教訓がある。そして、それは極めて重要なものなのだ。

これ以上続ける必要があるだろうか？　私は本書の冒頭で、アナキストをキリスト教化する気も、アナキスト的な志向がキリスト者にとって最も重要だと宣言する気もないと述べた。アナーキーとキリスト教を同列に置いてはならないし、私はかつてキリスト教とスターリン主義の癒着を正当化するために用いられた「同目的」理論を採用する気もない。私が述べたいのはただ、双方に共通する、完全で明確な全般的方向性があるということだ。このことは、私たちが同じ見地から同じ戦いをしていることを意味する。そこに混同や思い違いはない。私たちが同じ敵、同じ危険性に直面しているという事実は、決して些末なものではない。しかし私たちは、私たちを分かつものを支持してもいる。一つは、神とイエス・キリストへの信仰とそれがもたらすもののすべてである。もう一つは、私がすでに強調したように、人間性について評価する際の差異である。この小論で、私はこれ以外の目的や願望を掲げたつもりはない。

訳注

1　ナチスの侵攻によってパリが陥落した後、ヴィシー政権やペタン元帥の対独協力路線を支持する立場。

原注

（1）アンドレ・タルデュー（彼は右派だった）による優れた書籍、*Le souverain captif* (1934) を参照。ここで、彼は国民の幻想的な主権性を非難している。

（2）私は長い論文、"Le Fascisme, fils du libéralisme," *Esprit* 5/53 (Feb.1, 1973) , pp. 761-97 で、自由主義とファシズムの関係に言及した。

解説

ジャック・エリュール、信仰のアナーキー

本書は、Jacques Ellul, *Anarchie et Christianisme* (Lyon: Atelier de creation libertaire, 1988) の英語版 *Anarchy and Christianity*, tr. by Geoffrey W. Bromiley (Eugene, Oregon: Wipf and Stock Publishers, 2011) の邦訳である。

まずは本書の刊行の経緯について述べておく。もともとの訳稿としては、現・西南学院大学教授の宮平望氏が一九九〇年代半ばに私訳したものが存在していた。編集部は当初これを宮平氏自身の改稿により出版する予定だったが、諸般の事情から宮平氏が辞退されたため、許可を得て旧稿を見直し、訳文を作成した。したがって翻訳のすべての責任は新教出版社編集部にある。

本書では、キリスト教とアナキズム・政治史に関連して、必要と思われる箇所に訳注を付した。なかには、原著刊行時からの情勢の変化を補うものに加え、事実誤認や思想的問題点を示す箇所も含まれている。とりわけ、その他宗教へのまなざしは厳しく問われるべきだろう。ある思想家のテキストを読むことは、同時にその限界をも把握することでなければならない。ただ賛辞だけを送ることは権威化に他ならず、エリュールもそれは望まなかったはずだ。ただし同時に、訳注はなるべく最小限の内容に留めた。読者のさらなる批判的読解に委ねたい。

＊＊＊

さて、こうした経緯がありながらも本書を刊行するのは、ジャック・エリュールの思想になおも尽きない現在性（アクチュアリティ）があると思われるからである。とはいえ、多数あるエリュールの邦訳書はいずれもすでに絶版であり、手軽に触れることは難しい。日本語で読めるものとしてはもっとも本格的なエリュール論である松谷邦英『技術社会を〈超えて〉――ジャック・エリュールの社会哲学』（晃洋書房、二〇一〇年）を参照しつつ、以下ではまずその人物像を素描しておきたい。

フランス・ボルドー出身のジャック・エリュール（一九一二〜一九九四年）は、二〇世紀フランスの歴史家、社会科学者、そしてプロテスタント・改革派教会に属する信徒神学者として知られている。若いころに反ナチス闘争に参与し、後年にはボルドー大学で法制史の教鞭を執ったほか、反開発主義のエコロジー闘争にも積極的に関与した（反グローバリズムの活動家として著名なジョゼ・ボヴェにも大きな影響を与えている）。神学者としてのエリュールは弁証法神学で知られるカール・バルトの神学に造詣が深く、また科学技術とキリスト教の関係の考察をめぐっては、まずもってその名をあげられるべき存在である。こうした神学者としてのエリュール評価は、栗林輝夫『栗林輝夫セレクション1 日本で神学する』（大宮有博・西原廉太編、新教出版社、二〇一七年）や芦名定道『現代神学の冒険――新しい海図を求めて』（新教出版社、二〇二〇年）でも触れることができる。

松谷によれば、これらの活躍の原点にあるのは戦間期フランスで隆盛したアナキズム的思想運動、非順応主義である。非順応主義には右派から左派まで多様な立場が含まれるが、そこに共通するのは自由主義から共産主義までを含む既存の政治体制への順応を拒否し、個人主義とも集団主義とも異なる新たな社会的紐帯の形成を望み見たことである。なかでもエリュールは、カトリック哲学者エマニュエル・ムーニエの率いた運動体「エスプリ」への参与と挫折を経て自らの思索を深めていくのだが、本書でも順応/非順応の語が頻出することをはじめ、反議会主義や反資本主義などの非順応主義の思想は通奏低音として響いている。

ただ、現在の日本語圏で、エリュールの議論がこうした文脈を十全に踏まえて読まれることは少ないだろう。科学技術社会論(STS)における典型的な技術批判——技術の自律性とその負の効果を強調する悲観的な技術決定論——としてマッピングされる思想家、これがエリュールへの一定の評価なのではないだろうか。実際、エリュールの主著としてまずあげられるのは『技術社会』(すぐ書房より一九七五~一九七六年に上下巻で刊行、現在は絶版)である。工業・科学技術が人間の生にとって代替不可能かつ支配的な環境としての地位を占めたことを指す「技術環境」などの概念により、社会を全体化し合理化していく自律的な力としての技術を厳しく批判したその思想は、第二次大戦後の世界で進行する技術化や開発主義の波に対する根源的な疑義を示していた。反面、いっそう技術の存在感が増している——とりわけインターネットは、ごく日常的なものでありながら、もはや誰もその全体像を把握できないほどに巨大化かつ細密化している——現在を生きるわたしたちにとって、エリュールの思想は一面的で単純に見えるかもしれない。技術の可能性、あるいはその善用といったことを、なぜ考えないのかと。

だが重要なのは、こうした通説的理解こそが実は「単純」なのではないかと問うてみることだ。東日本大震災と福島第一原子力発電所の事故、気候変動、そして新型コロナウイルスとワクチン開発。いま、わたしたちが目の当たりにしているのは、技術の発展と並走する開発の激化がもたらす破局である。ロジスティクスやインフラストラクチャーをめぐる近年の議論が詳らかにするように、いかに技術が発展しようとも、それには労働者の身体や種々の自然資源といった物質的基盤が必要である。技術が社会や生活の諸場面に浸透していく過程とは、さらなる富の源を求めて、人間と自然を収奪・採取する度合いがますます高まっていく過程なのだとも言える。こうした現実を前にすると、いわば問題の技術的解決を目した「持続可能な開発目標（SDGs）」や「Society 5.0」の発想は、どこか空疎に響く。この点で、現代の哲学者であるジャン＝リュック・ナンシーの『あまりに人間的なウイルス――COVID-19の哲学』（伊藤潤一郎訳、勁草書房、二〇二一年）におけるエリュールへの言及は示唆的だろう。その思想は、単なる技術嫌悪（テクノフォビア）などと片付けられることなく、いまこそ新たに読み解かれねばならないのではないか。それも本書に従うならば、他ならぬアナーキー an-arche（本書九七頁参照）、あらゆる統治の根を断つ思想として。

もっとも本書では、アナキズムとキリスト教の融合や、一方を他方に包摂することが目指されるわけではない。キリスト教の硬直した組織やその権威主義的体質を抉り出す力をアナキズムに見るとともに、アナキズムの人間中心主義的な勇み足をキリスト教の視点から再考する。まさに弁証法的な論の運びによって、エリュールは両者が新たに結ばれ合う可能性を探っていく。組織宗教としてのキリスト教と権力との癒着に対する内在的な批判を経て、揺るぎない信仰とその源泉たる聖書に見出されるアナーキーな契機(モメント)は、どのような闘争を促すのか。

一言で言えば、それは「反政治」に尽きるだろう。ある権力を打倒するための政治的闘争は、往々にして新たな権威主義的体制と社会統制の権力へと収斂していってしまう。それを防ぐためには、政治そのものを退けねばならない。そこでエリュールの標的とする政治は、単なる悪政に留まらない。選挙や投票といった制度から左派も含む政党・議会政治まで、それらへの参与は「攻撃的であり、全体主義的であり、遍在的である」(本書五二頁)虚無を生み出すだけであり、反対に政治への諦念を抱えつつ娯楽に興じる人々こそアナキズムの潜在的な担い手なのだというエリュールの指摘は、代議制民主主義の限界が露呈するなかでことさらに政治参加が言祝がれる現在時にあっては、いっそう鮮烈に感じられる。

加えて注意すべきは、「これは種々の技術の結末である」(本書五二頁)という手短だが重要な言である。先述したように、エリュールの言う技術とは単なる科学技術や機械のことではなく、政治・経済・文化といった諸領域を貫通する全体化・合理化の権力作用を指していた。したがって、その反政治は技術への批判と表裏一体をなしているはずだ。表層的な差異こそ許容されるが、その実あらゆる存在が全体化する権力に係留され、断片であること、別様であることが許されないような政治－技術環境といかに対峙するか。兵役や税の支払いを拒否し、公立学校とは異なる教育の枠組みを作り出し、法によらない紛争の解決法を探ることで、権力なき共同性を築きうる実践を押し広げていかねばならない。本書で予防接種が問題になっているように、ワクチン接種の社会防衛的な側面もそこでは再審されることになるだろう。

このように本書は、技術決定論に陥った過去の思想家としてのエリュール像を更新し、アナーキーという視点からその神学と技術批判を貫いて読む可能性を与えてくれる。ここから切り開かれる領野は広い。たとえば、本書ではシチュアシオニスト・インターナショナルとの接触がわずかに触れられるが、その主導者ギー・ドゥボールの練り上げたスペクタクル批判と照らしながらエリュールを読むことは、決して的外れではないだろう。あるいはその先にティクーンや不可視委員会といった近年のアナキズムの議論を位置づけてみたい誘惑にも駆られる。いまや権力とはインフラそのものであるという決定的な主張とともに、そうした権力の「脱構成」を語る不可視委員会にもまた、エリュールの技術観や反政治の呼びかけが遠くこだましていると は言えないだろうか。

ただし、あらためて強調しておけば、エリュールの特異さはあくまでキリスト教に堅く立ち続けることでアナーキーを見出した点にあるはずだ。「神もなく主人もなく」ではない。決して支配者として君臨するのではなく人間を愛し自由にする神、統治の根拠を切り崩しわたしたちが本当に根ざすべきものを伝えたイエス、政治権力そのものへの徹底的な否を伝える預言書や黙示録。愛なる神との接触によって、主人の軛は砕かれる。権力との鏡像的・対称的な関係への拒否としての絶対的非暴力をアナーキーの旨とするエリュールの主張は、決してナイーヴなものではない。誤解を恐れずに言えば、保守的ですらあるほどの強い信仰から、アナーキーな地平が切り開かれることもあるのだ。

この信仰のアナーキーの強度は、なおも試されることを待っている。近代の技術とキリスト教という問題系に限っても、道具的権力や制度化の批判で知られるカトリックの思想家イヴァン・イリイチをはじめ、カトリックの信仰を持ち技術の軍事的起源の批判で知られるポール・ヴィリリオ、逆に原子力技術を礼賛したテイヤール・ド・シャルダンなど、比較すべき名はいくつも思い浮かぶ。

また、キリスト教の歴史に常に伏在してきたアナーキーなモメントについても同様である。たとえば、エリュールと同時代を生きながら早逝したシモーヌ・ヴェイユとの関連ではどうか。過酷な工場労働やスペイン内戦を経たヴェイユの衝迫――人間をモノへと貶める力のなかで、神と被造物への「注意」を働かせること――に、エリュールはどのように応えるのだろうか（本書序文の執筆者デヴィッド・W・ジルが会長を務めるジャック・エリュール国際学会のウェブサイト International Jacques Ellul Society には、両者の関係を論じた記事が掲載されている）。問いは尽きず、まさに「その一つ一つを書くならば、世界もその書かれた書物を収めきれないであろう」（ヨハネ二一章二五節）。たしかなのは、本書はその「書物」の欠かせない一部分であり、それを書き継ぐ役割はわたしたちに託されているということである。

新教出版社編集部

ジャック・エリュール

（1912-1994）

J a c q u e s　E l l u l

フランス・ボルドー生まれ。
ボルドー大学で教鞭を執った法制史家、
社会科学者にして、プロテスタント・改革派教会の信徒神学者。
青年時代は戦間期の思想運動・非順応主義の薫陶を受け
ファシズムとの闘争に身を投じたほか、
戦後はシチュアシオニスト・インターナショナルとの接触や
アキテーヌ沿岸の開発反対闘争などへの参与を経て、
キリスト教アナキズムとも言うべき特異な思想を形成していった。
キリスト教思想からの技術社会批判の系譜では
極めて重要な位置を占める、再評価が待たれる思想家である。

『技術社会 上下巻』
（島尾永康・竹岡敬温・鳥巣美知郎・倉橋重史訳、すぐ書房）ほか
邦訳書多数。

アナキズムとキリスト教

2021年9月30日　第1版第1刷発行

著者
ジャック・エリュール

翻訳
新教出版社編集部

ブックデザイン
宗利淳一

発行人
小林望

発行所
株式会社新教出版社

〒162-0814 東京都新宿区新小川町9-1
電話（代表）03（3260）6148
振替00180-1-9991

ISBN 978-4-400-40755-3 C1016

新　教　出　版　社　の　本

ジーザス・イン・ディズニーランド
ポストモダンの宗教、消費主義、テクノロジー

デイヴィッド・ライアン著／大畑凜・小泉空・渡辺翔平・芳賀達彦 訳

四六判・3850円

いま、ディズニーランドに象徴されるポストモダンの情報・技術・消費社会において、従来の制度や組織を超えた多様な宗教的営為が開花している。従来の世俗化論の枠組みを覆すそのメカニズムを分析する、監視社会論の泰斗による異色作。

クエーカー入門

ピンク・ダンデライオン 著／中野泰治 訳

四六判・2640円

17世紀イングランドで始まり、監獄改善や奴隷制度反対といった運動に与し、欧米型市民社会の形成に大きな影響を与えたクエーカー。その歴史から中心的な教義、社会との関わりにいたるまで、明晰な社会学的分析で解説する。

ヒップホップ・アナムネーシス
ラップ・ミュージックの救済

山下壮起・二木信 編

A5変型判・2750円

ギャングスタ・ラップの宗教性を論じて反響を呼んだ『ヒップホップ・レザレクション』。その議論を引き継ぎ、ラッパーの人生、ブラック・ライヴズ・マター、フェミニズム、コロナ以後の社会といった視点からヒップホップが発揮する救済の力＝アナムネーシスをラディカルに描き出す、かつてないアンソロジー。